U0594970

金融创新与国际贸易经济发展研究

陈娜娜 ◎ 著

吉林出版集团股份有限公司
全国百佳图书出版单位

图书在版编目（CIP）数据

金融创新与国际贸易经济发展研究 / 陈娜娜著. ——

长春：吉林出版集团股份有限公司，2022.10

ISBN 978-7-5731-2573-6

Ⅰ.①金… Ⅱ.①陈… Ⅲ.①国际贸易—经济发展—

研究 Ⅳ.①F74-

中国国家版本馆CIP数据核字(2023)第002668号

金融创新与国际贸易经济发展研究
JINRONG CHUANGXIN YU GUOJI MAOYI JINGJI FAZHAN YANJIU

著　　者　陈娜娜
出 版 人　吴　强
责任编辑　张西琳
助理编辑　李　响
装帧设计　北京万瑞铭图文化传媒有限公司
开　　本　787mm×1092mm　1/16
印　　张　11.75
字　　数　199千字
版　　次　2022年10月第1版
印　　次　2023年8月第1次印刷

出　　版　吉林出版集团股份有限公司
发　　行　吉林音像出版社有限责任公司
　　　　　（吉林省长春市南关区福祉大路5788号）
电　　话　0431-81629667
印　　刷　吉林省信诚印刷有限公司

ISBN 978-7-5731-2573-6　　定　价　68.00元

如发现印装质量问题，影响阅读，请与出版社联系调换。

前言

国际贸易是指世界各国之间在商品和服务方面的交换活动，是各国之间分工的表现形式，反映了世界各国在经济上的相互依靠。如果单从国家（地区）的角度出发，这种交换活动被称为对外贸易。国际贸易与对外贸易的最大区别在于看待问题时所处的角度不同。

另外，随着国际贸易在规模上不断扩大的同时，其本身的内涵也在不断变化。我们把包括货物与服务在内的对外贸易称为广义的对外贸易或国际贸易；把不包括服务在内的对外贸易称为狭义的对外贸易或国际贸易。

在经济全球化深入发展的条件下，世界各国经济金融关系日益紧密。现在，越来越多的企业和个人主动或被动地已融入或将融入国际经济的大潮中。企业和个人的涉外经济交往日益增多，参与国际贸易和金融市场的必要性和紧迫性正在不断上升。在经济全球化不断发展的今天，每个企业都不可避免地面临着激烈的国际市场竞争。因此，国际贸易与国际金融相关知识已经不可或缺，需要像常识、科普知识一样为我们所掌握。

本书内容全面，兼顾学术性和前瞻性，对国际贸易和金融进行了分析，并对其发展思路进行了一定的探讨，使得本书的实践意义更加突出。此外，本书采用通俗易懂的语言行文，大量减少了专业术语的使用，使读者能够更加通俗、流畅地阅读本书，有助于增强读者的阅读兴趣。

目录

第一章 贸易金融概述

第一节 贸易金融的内涵界定

随着国内贸易和国际贸易的发展，为之提供服务的贸易金融内涵也在不断发生变化，它包括传统的狭义定义和现代的广义定义。

一、传统的狭义定义

传统的贸易金融业务是指在商品交易中，银行运用结构性短期融资工具，基于商品交易中的存货、预付款、应收账款等资产的融资，即商业银行在为国内外贸易买卖双方办理的各项国际、国内结算业务（如信用证结算、银行承兑汇票、汇款、托收等），以及在各项国际、国内结算业务项下，根据相关的贸易背景和贸易结构，为贸易客户提供与贸易结算相关的短期和长期融资便利（如银票贴现、进出口押汇、打包贷款、保理等），以及和贸易结算和融资相关的资金服务（如结售汇等）。

传统的贸易金融以贸易活动的现金流量作为结算和融资履约的资金来源和支持，以贸易结算中的商业单据或金融单据等权利凭证作为贸易买卖双方履约的一项保证，是紧紧围绕贸易结构和贸易形式展开的金融服务。

二、现代的广义定义

（一）现代贸易金融的内涵

在全球化和金融创新快速发展的背景下，贸易金融已发生深刻变化，从狭义的贸易结算与融资的发展阶段进入到服务于贸易链的全过程，即与投资、生产、运输、销售活动紧密联系的综合金融服务阶段。贸易金融不再局限于结算、融资、资金交易类等方面的服务，银行针对企业商品和服务交易提供贯穿贸易链全过程的综合金融服务。

供应链金融定义，是在商品交易中运用结构性短期融资工具，基于商品交易（如原油、金属、谷物等）中的存货、预付款、应收账款等资产的融资。贸易融资中的借款人除了商品销售收入可作为还款来源外，没有其他生产经营活动，在资产负债表上没有实质的资产，没有独立的还款能力。这个经典的释义包含了三个关键点：一是结构化设计；二是以交易为基础；三是借款人除特定交易收入外，可以没有其他经营活动和还款来源。

因此，广义的贸易金融即供应链金融，不再仅仅包括贸易买卖双方和商业银行，而是包括在贸易流中的所有角色（如仓储公司等），即商业银行的贸易金融将围绕贸易流、物流、资金流等各个方面整体展开，把核心企业作为切入点，以核心企业延伸出来的产业链、产品链、客户链、交易链为依托，通过对具体交易项下的信息流、物流、资金流的有效控制，或对有实力关联方的责任捆绑，针对产业链不同节点的供应商、制造商、经销商、物流商、零售商等提供金融产品和服务的一种融资模式。

广义上的供应链金融也包含了物流金融。物流金融强调以物流控制为主导，为供应链上下游企业提供融资、结算、保险等产品。推动物流金融发展的主导者一般是物流服务提供商，商业银行以合作者的身份进入到物流金融产业中提供资金支持。

（二）现代贸易金融的特点

贸易金融作为商业银行等金融机构中一个相对独立的业务体系，相对于传统存贷款等业务而言具有以下几个特点。

1.服务对象特定

贸易金融是在生产、流通到消费整个供应链上下游串在一起的过程中，提供包括负债服务、收费服务和资产服务等一揽子金融服务，服务对象是核心企业及与其有稳定交易关系的上下游企业，以及特定商品或服务交易。与相对主要关注客户信用状况的项目贷款、流动资金贷款等传统信贷业务相比，贸易融资更多关注特定交易项下的商业单据、票据、应收账款等的价值与风险评估。

2.融资条件低，资本占用少，资金流动性高

贸易融资充分体现以商品交易为背景，以物权为保证的特点。在物权保证下，贸易融资较少需要担保品，从而为客户提供更多的融资机会，特别

是适合缺少固定资产等抵押品的中小企业进行融资。

国际结算是典型的中间业务品种，不占用或较少占用银行的资本金。出口审单、全额保证金开证、结售汇等业务不占用银行资本。非全额保证金开立信用证或保函风险资产权重为 20%，意味着发放一般性贷款所占的银行资本是减免保证金的 5 倍。贸易融资期限短，周转快，一般不超过 180 天，具有很强的流动性。

3. 综合收益高

贸易金融是高度综合的金融服务，业务交叉性强兼具中间业务与资产业务特点，既涉及表外业务又涉及表内业务，收益主体是手续费收入，同时也能带来利差收入。贸易金融中的国际结算业务能够为银行带来丰厚的手续费、结售汇差价收入，这已构成银行中间收入的重要组成部分，而中间收入占比往往是衡量一家银行内在价值的重要指标。贸易融资除了为银行创造利差收入，还可带来大量存款沉淀，为银行创造大量的隐性收入。据统计，贸易金融业务反应在账面上的利润只占整体创利的 20%，另外 80% 的创利隐藏在贸易金融带来的派生收益之中。

4. 风险度较低

贸易金融具有真实的贸易背景，通过对特定交易产生的物流、资金流、信息流的控制实现债务自偿，并可将信用风险的管理转化为对操作风险的管理，风险度较低，银行对风险的控制力较强，而且融资期限短，资金回收快，敞口时间短，风险相对可控。例如通过供应链融资掌控贸易全过程，通过物流融资实现对货权的控制，这都是贸易融资项下银行有效控制风险的手段。

三、现代贸易金融与传统贸易金融的比较

在国际实践中，现代贸易金融是传统国际贸易的延伸。从金融机构作为现代贸易融资主要资金提供者这一点上来看，服务目标与传统的国际贸易融资差别不大。但传统国际贸易融资是一对一的专项金融服务，现代贸易金融是一对多的系统性解决方案，两者的差异主要体现在授信关注点、融资对象、融资范围、服务方式、资金风险、信息流等方面。

传统的国际贸易融资在授信时关注申请企业的经营业绩、财务实力以及历史信用情况等指标；融资对象主要是基于某一家企业对其进行针对性的业务开发；审查指标较为苛刻，融资范围较小，容易排除掉许多具有生产优

势的中小企业的融资申请；而且仅针对单笔贸易往来和供应链的某一环节提供融资业务，业务品种较少；易忽视融资企业上下游的牵制影响，贸易风险较大，银行资金风险较大。

现代贸易金融主要是针对供应链这种新型的国际贸易组织和分工形式设计出来的，强调金融服务的专业性、系统性，突破了原来单一的买卖双方的关系，延伸至供应链上下游包括最终消费者及物流服务提供商在内的全部参与方，将供应链组织运作中的全部金融服务有效地整合，利用供应链中所有参与和非参与物权转移的成员，优化整个供应链在财务方面的绩效指标。在授信时关注贸易业务的成功概率、参与该项业务的上下游各企业相互之间的关联度及合作的稳定度、是否存在大型核心企业及其信用情况；融资对象扩展至相关供应链上对贸易业务的完成有较大影响的上下游多个企业形成的群组；审查指标具备一定弹性，企业规模小等劣势可以由业务或者与上下游企业的高关联度弥补，为中小企业开放门槛；融资范围较广，对整个"产—供—销"供应链上的涉及企业提供一站式、跟进式的全过程融资，通过推动供应链的正常运行，将风险分散于整条供应链；银行可以掌握整个贸易链的信息，从而准确把握业务实质及融通资金流向，信息的及时共享降低了资金风险。

第二节 贸易金融的主要功能与主要产品

一、贸易金融的主要功能

具体而言，现代综合贸易金融主要包括贸易结算、贸易融资、信用担保、风险管理、财务管理、增值服务等六大功能。

（一）贸易结算

贸易结算是最基础的业务，为贸易双方提供支付中介服务，促成交易、降低交易成本，依托信息技术，提高结算的效率和质量。

（二）贸易融资

贸易融资是最核心的业务，除国际保理业务、应收账款抵押融资、订单融资等传统进出口贸易融资工具以外，目前最重要、最有发展潜力的创新是基于产业内贸易和供应链发展的供应链融资，以及结构性融资。

供应链融资是指银行基于对商品和服务交易产生的物流、资金流和信息流的控制，对产业链中包括核心企业、上下游企业等全部参与方提供的资金融通服务。供应链融资不仅推动了贸易金融的创新发展和银行内部风险控制方式的变革，而且帮助企业降低成本、减少存货、扩大销售、加快资金周转，解决了全球普遍存在的中小企业融资难问题，为世界经济和贸易发展提供了有力的金融支持。

结构性融资是指因金额大、期限长、融资基础为跨境合同等特点，需要根据客户的融资需求与债项的具体条件对债项进行结构安排，一定程度上弱化在长时间的借款期内授信主体承债能力变化等因素而带来的信用风险，降低对授信主体承债能力的依赖程度，在满足客户融资需求的同时使债项的综合风险达到可接受的水平，从而使银行能更广泛地支持大型成套设备等资本性货物、高新技术产品出口及海外工程承包等业务。

（三）信用担保

信用担保功能是指银行为贸易参与方提供以信用增强为主要目的的金融增值服务，如信用证、保函、保理、承兑、保兑等。信用担保在帮助买卖双方建立互信、降低风险、促成交易方面作用明显。

（四）风险管理

风险管理功能是指在商品价格、利率、汇率波动日趋频繁的市场环境下，银行开发和创新贸易金融增值服务，帮助客户有效规避风险。最为典型的就是将贸易结算、贸易信贷与一些避险型资金产品进行组合，为企业提供一对一的理财服务方案。

（五）财务管理

财务管理功能是指针对产业链中一些大型企业的财务集中、资金归集、财务管理外包等需求而提供的贸易金融增值服务，包括应收账款管理、销售分户账管理、财务报表优化、现金管理等。此类服务进一步丰富贸易金融产品、扩展贸易金融服务体系、增加银行利润来源。

（六）增值服务

增值服务功能是指商业银行的贸易金融产品借助自身和客户、政府部门的信息网络，依据强大的科技平台与企业系统对接，通过客户和关联部门提供及时准确、有效的产品服务及信息支持，提高客户对银行的忠诚度，为客户提供能够完全透明化的产品和优化管理、加快业务处理流程和得到有效信息等的综合性服务，如远期结售汇及衍生产品、网上开证和银关通等。

二、贸易金融的主要产品

当前，国际上常用的贸易金融产品主要包括进出口押汇、进出口托收押汇、打包放款、福费廷、国际保理、票据贴现、出口信用保险融资、存货质押融资、信用证开证融资、提货担保、物流融资、服务增值类产品等。

（一）进出口押汇

进出口押汇是最常见的融资种类之一，可分为进口押汇和出口押汇。

进口押汇是指开证行在收到信用证项下单据，审单无误后，根据其与开证申请人签订的《进口押汇协议》和开证申请人提交的信托收据，先行对外付款并放单。开证申请人凭单提货并在市场销售后，将押汇本息归还开证行。从某种意义上看，它是开证行给予开证申请人的将远期信用证转化为"即期信用证 + 进口押汇"这样一种变通的资金融通方式。

进口押汇实际上是银行为进口商提供的一种融通资金的业务。进口押汇的额度通常包含在授信额度之内，进口商如已获得银行授信，便可在授信限额内向银行申请办理进口押汇业务。对银行不能控制货物所有权的押汇业务，一般应在开证时就要求进口商出具信托收据或在办理押汇时补办。银行在办理押汇时要注意审核货物的变现能力、控制好物权单据，并已对货物办理保险。为避免可能发生的风险，对诈骗多发地带、远期信用证等在办理进口押汇时应十分慎重。

出口押汇是以出口商的汇票或单据作为押汇行的抵押品，由押汇行垫款（按票面金额扣减利息）付给出口商，然后将抵押品的汇票或单据寄至开证行向其收取货款。相关业务涉及的金额小，笔数多，因为保留追索权，对于押汇行所承担的风险并不大，适用的企业范围较广，即使是实力不太强但业务稳定的企业也可申请。

出口押汇可以在信用证业务中使用，押汇银行承做出口押汇业务可以保留追索权，如果因为开证行倒闭、单据邮寄遗失延误、电信失误等非押汇行本身过失而导致的拒付、迟付、少付，押汇行有权主动向受益人追回全部垫款及利息。遇到开证行无理挑剔单据，押汇行可与其交涉，以维护出口方权益，如交涉无效造成损失，押汇行仍可向受益人追索。出口商要求的银行议付其出口单据时，押汇行除了根据信用证条款严格审查单据外，还要审查开证行所在国的政治、经济状况，开证行的资信、出口商的资信，还包括对物权的控制程度等，如果信用证规定的运输单据是物权单据，则押汇行可以通过对物权的控制减少风险，如果运输单据不是物权单据，则银行对议付申请的受理应该更加严格，因为一旦开证行拒付及向出口商行使追索权失败，银行将不能通过处理单据所代表的货物来减少损失。

出口押汇业务除了用于信用证项下，也可用于托收和保理业务项下，二者的根本区别在于前者面临的是进口国开证行的银行信用，而后者面临的是进口商的商业信用。因此，托收和保理项下出口押汇业务的风险比信用证项下要大。押汇行在受理该业务时还要严格审核进口商的资信状况以及托收交单方式的选择，对于承兑交单（D/A）方式下核定的托收押汇限额控制较严，付款交单（D/P）方式下核定的托收押汇限额控制较松。

（二）进出口托收押汇

进出口托收押汇分为进口托收押汇和出口托收押汇。

进口托收押汇又称为进口代收押汇，是指代收行在收到出口商通过托收行寄来的全套托收单据后，先行对外支付并放单，进口商凭单提货，用销售后的货款归还代收行押汇本息。根据托收的性质，进口商付款交单或者承兑交单。代收行可以根据进口商的押汇申请，开立托收信托收据，先行对外垫款，待进口商提货加工、销售或转卖后将收回的货款归还银行。这种做法纯粹是代收银行自己向进口商提供的信用便利，和出口押汇一样银行也存在着很大的风险，银行一般只对资信较好的进口商进行进口押汇，同时还要求进口商提供足够的担保和抵押品。

出口托收押汇是指采用托收方式的出口商在提交单据、委托银行代向进口商收取款项的同时要求托收行先预支部分或全部货款，待托收款项收妥后归还银行本息的融通方式。其基本操作是，出口商按照合同规定装运后，制作一整套符合合同规定的单据，开立以进口商为付款人的汇票到托收银行交单，要求托收银行做出口托收押汇。经托收行同买入跟单汇票，按照汇票金额扣除自付款日即托收行买入跟单汇单日期到预计收到票款日期的利息和手续费，将约定的款项交给出口商。待出口商收汇票款后，再归还所借的款项。

与进出口押汇相比，银行办理托收押汇的风险要远远超过进出口押汇，因为这两种融资的依据是商业信用，为进口商办理进口托收押汇等于进口商将原来给予出口商的商业信用转给了代收行，从而加大了代收行的风险。为出口商办理出口托收押汇，相当于本应由出口商承担的风险转给了托收行。因此银行在办理托收押汇时要根据进出口商的资信情况、业务往来记录情况，为其核定一个押汇额度，适当控制规模，并提供可靠的担保或抵押，以防意外情况出现时银行资金的保障。如出口托收押汇可要求出口商投保出口信用险，进口托收押汇可要求进口商出具信托收据等。

（三）打包放款

打包放款也称打包贷款，是出口商以国外开来的信用证正本及相关销售合同作为抵押品，申请用于该信用证项下出口商品的进货、备料、生产、装运，金额一般为信用证总额的 40% ~ 80%，申请人必须将信用证下单据交给贷款银行做出口押汇或收妥结汇。打包放款是一种常见的小额短期贷款，涉及的金额较押汇大，是交单前的融资业务，融资的期限也较长，贷款被挪用的风险比押汇大，适合业务稳定、有一定经济实力的企业。

出口商使用打包放款主要用于装船前的融资，放款货币一般以人民币为主，放款金额最高不超过信用证总金额的 80%。打包放款是单纯依靠买方开来的信用证作抵押来进行的，如果由于种种原因出口商未能满足信用证的条件和要求，或出口商根本未履约，那么信用证的付款承诺就无法兑现，打包放款银行将面临无法收回放款的风险。因此，贷款银行在办理打包放款时必须严格审查销售合同，了解出口商和开证行的资信，审核信用证条款是否表述清晰，是否有对出口商不利的条款，还要根据融资能力来决定放款金额和放款期限。对于装运单据为非物权单据或不能控制全套正本物权单据的，银行要更加严格审查。贷款期间，贷款行和借款人保持密切联系，了解掌握其出口业务的进展及有关合同的执行情况，督促借款人及时发货交单，用所得款项归还贷款，以确保贷方资金的及时回收和利润的正常取得。

（四）福费廷

福费廷也称包买票据或票据买断，是指商业银行等包买商通过购买出口商无追索权的信用证下由开证行承兑的汇票，或经第三方担保的远期汇票或本票，或确定的远期债权，向出口商提供中长期票据融资。它是国际化大银行长期从事的基本贸易融资品种之一，属于票据融资，是出口信贷的一种类型。

在传统的出口贴现业务中，银行对出口企业是保留追索权的，即当贴现银行未能按期从国外承兑/承付/保付银行处收到应收款项时，将向出口企业追讨贴现款项本息。相比之下，福费廷业务在无须占用客户授信额度的情况下，为客户提供固定利率的无追索权买断，有效满足客户规避风险，增加现金流，改善财务报表，获得提前核销退税等多方面综合需求。概括来说，福费廷业务是对未到期的贸易应收账款进行无追索权的贴现，使出口商既能获得融资，又可以把风险转移给包买银行。

（五）国际保理

国际保理又称"应收账款收买业务""承购应收账款业务""出口销售保管""应收账款管理服务"等，统称保付代理，简称"保理"，是指出口方以赊销、承兑交单等信用方式向进口方销售货物时，由出口保理商和进口保理商共同提供的集资信调查、应收账款催收与管理、信用风险承担和贸易融资等于一体的综合性金融服务。保理业务与福费廷相似，都是出口商用以规避风险的金融工具。

在赊销、承兑交单等贸易方式下，出口商可将应收账款的债权转让给保理商，由保理商及相关金融机构承担进口商的信用风险，并提供催收货款、账务管理及资金融通服务。供应链上，国内贸易和国际贸易常常互为首尾，只有将国内保理和国际保理有机结合，才能提供全流程应收账款解决方案。

由于保理业务的许多优点，以及其在满足对中小企业融资需求及推动国际贸易发展方面的独特应用优势，1960年以来，保理业务的服务已发展成为集贸易融资、商业资信调查、应收账款管理及信用风险担保于一体的综合性金融服务，并已成为国际贸易竞争的一种新工具，广泛应用于国际贸易中。作为一种新颖的贸易融资方式，多年来，保理业务在世界各国的国际贸易和国内贸易中都得到了广泛运用。

（六）票据贴现

票据贴现是指承兑信用证项下远期汇票，经指定承兑行审单相符承兑汇票后，提前将汇票净款垫付给受益人对其融资，并寄单给开证行，在到期日获得开证行的偿付，归还垫款。

票据贴现业务可以使用在信用证中，也可在托收中使用，可以对出口商办理融资，也可对进口商融资。信用证项下贴现属于银行信用，只要承兑汇票的银行实力雄厚、资信良好，基本无风险。根据实践经验，可进行如下操作防范风险：一是对资信良好有较强实力的出口商，可在授信额度内办理，适当控制规模。二是争取由出口商办理出口信用保险。三是可联系国外大银行无追索权的买断远期汇票，虽然这样贴现率可能会高一些，但出口地银行会得到一定收益，出口商也可以及时得到资金融通。

（七）出口信用保险融资

出口信用保险项下的贸易融资不同于过去传统意义上的抵押、质押和担保贷款，它以销售商应收账款的权益作为融资基础，通过对建立在销售商资金实力和商业信用基础上的偿付能力的全面分析，在销售商投保信用保险并将赔款权益转让给融资银行的前提下，银行针对销售企业的真实销售行为和确定的应收账款金额提供的一种信用贷款。这种全新的融资模式使销售企业，特别是中小企业摆脱因抵押、担保能力不足而无法获得银行融资的尴尬局面，为其扩大经营规模，提高竞争力创造了有利条件。

20世纪初诞生于欧洲的出口信用保险，迄今已有近百年的发展历史。作为各国政府普遍采用、行之有效的促进本国出口的政策性金融工具，出口信用保险以国家财政为后盾，将国家外贸、外交等政策融入保险中，为本国出口企业提供收汇保障、融资和风险管理等方面的支持，促进了企业出口贸易、海外投资和对外工程承包等国际经济活动的开展。目前，出口信用保险已成为世界大多数国家出口支持体系中的一个重要组成部分。根据国际信用和投资保险人协会的统计，目前世界出口贸易额中的12%是在出口信用保险支持下实现的。

（八）存货质押

存货质押融资是指企业以自身经营或生产的库存产品作为质押而取得的融资支持，是一种根据存货的总额来取得循环贷款。现行的做法包括仓单质押、融通仓、保兑仓等。在该模式中，企业可以借助第三方，即物流公司的专业优势帮助自己对存货价值和存货合理性进行评估，促使银行接受动产质押。中小企业、上游企业和银行签订三方协议，银行直接将原料款支付给上游企业，在上游企业接款后发货到银行指定地点，由银行指定的物流监管方进行 24 小时监管，形成存货质押融资。中小企业每接一笔订单，便交一笔钱给银行赎货，银行即可指令仓储监管机构放一批原料给中小企业，从而完成这一轮的生产。企业以欲购买的生产资料为质押品从银行获得分批付款、分批提货的权利，从而实现了融资，保证顺利生产。存货质押融资模式适用于维持正常经营所需存货库存量较大、价格相对稳定、流动性强并具有较强变现能力的中小企业，为企业解决融资困难。

（九）信用证开证融资

信用证开证融资是指银行应进口商的申请，在对外开证时只收取进口商部分保证金即对外开出信用证。这是银行"借"出自己的信用，而不是真正借出资金。虽然银行没有真正借出资金，但一旦出口商提供了全套相符单据，进口商不能补齐保证金时银行必须垫付。

因此，银行在办理开证融资业务时应注意：①进口货物的类型是否在进出口两国处于管制状态，是否受额度的限制，货物本身是否易受损或过期等，尤其对炒作商品、三废产品等要从严掌握；②审查信用证付款期限与合理的业务周转期限，如果信用证付款期限太长，有可能存在进口商有与出口商联手诈骗银行或挪用银行资金的嫌疑；③信用证付款的依据是单据，如货物有问题将影响进口商的销售回款，进而影响到银行资金的按期收回，因此要对受益人的资信进行调查；④对代理进口业务要从严掌握，代理进口多了一个业务处理环节，对银行控制风险增加了难度。

（十）提货担保

提货担保是指进口商开出信用证后，有时因航程过短货比单据先到，为了能及时提货用于生产销售并免付高额滞仓费，客户可要求银行为其开出提货担保书，交承运人先行提货，待正本提单收到后向承运人换回提货担保书的一种担保业务。客户只需保证日后及时补交正本提单，并负责缴付船公司的各项应收费用及赔偿由此而可能遭受的损失，即可由银行单独或与客户共同向船公司出具书面担保，请其先行放货。提货担保可减轻进口商货物滞港费用负担，及早提货、销售，加速资金周转，而且费用低廉，手续简便。办理提货担保的基本前提是：以海运为运输方式，以信用证为结算方式，且信用证要求提交全套海运提单。

（十一）物流融资

物流融资是指以符合一定要求的产品质押为授信条件，运用较具实力的物流公司的物流信息管理系统，将商业银行现金流和企业的物资流有机结合，向客户提供集融资、结算等多项服务于一体的银行综合服务，可开展进口项下现货质押、未来物权（提单）质押融资业务和出口项下现货质押短期装船前融资、物权质押出口应收账款融资等业务。

"物流控制类产品"是银行根据物流动态流转的属性主动加以控制，以达到通过控制在途物权，并最终控制资金流的方式来为企业提供贸易融资。由于控制了物流环节，企业就无须再提供额外的抵押或担保，实际上是为客户创造价值和财富。"物流控制类产品"可为中小型企业提供广阔的融资平台。

（十二）服务增值类产品

服务增值类产品是指商业银行的贸易金融产品借助自身和客户、政府部门的信息网络，通过客户和关联部门提供及时、准确、有效的产品服务及信息支持，提高客户对银行的忠诚度，为客户提供能够优化管理、加快业务处理流程和得到有效信息等的综合性服务，如远期结售汇及衍生产品、网上开证和银关通等。"服务增值类产品"是依据强大的科技平台，通过企业系统对接为客户提供完全透明化的产品。

第三节 贸易金融的历史沿革与发展现状

一、贸易金融的历史沿革

如果说贸易贯穿了商品社会的发展史，贸易金融则贯穿了商业银行的发展史。贸易金融最早可追溯到中世纪地中海沿岸的近代商业银行萌芽时期。经过几个世纪的发展，贸易金融从单纯的贸易结算与融资发展到了服务于贸易链全过程，与投资、生产、销售活动紧密联系的综合金融服务阶段。

（一）贸易金融的萌芽阶段

公元 12 世纪，地中海沿岸国家银行业开始逐渐发展起来，并在交易中已经使用了"兑换证书"形式的票据。1171 年在商业中心、海上强国威尼斯所成立的威尼斯银行，以及 1407 年在手工业和海上贸易发达的热那亚所成立的热那亚银行等独立的私人银行开始使用"兑换证书"票据。

随着新航路的开辟和"新大陆"的发现，海外市场领域骤然扩大，海外贸易商品的种类和数量也急剧增加。金银铸币等现金结算给人们带来了更多的不便，于是票据汇兑开始流行。它与以汇票为基础的"商人信用证"的广泛使用，推动了欧洲各国对外贸易的发展。同时，兑换、保管以及汇兑业务的发展为今后开展融资业务打下了基础。

（二）贸易金融的发展阶段

自由资本主义开始向垄断资本主义过渡时期，国际贸易进一步蓬勃发展，竞争的加剧以及贸易风险的提高使得银行的融资积极性受到影响。为减缓银行的信贷风险，英国政府1919年成立了"出口信贷担保局"（ECGD），以便利出口商从银行获得资金融通。

在1929—1933年世界经济危机期间，许多私营银行和金融机构面临危机倒闭的危险，它们没有能力也不敢冒险大规模经营贸易融资业务。在此背景下，在欧洲相继成立了不同性质和特点的官方出口信用机构，从而出现了具有政府背景的、以扩大本国出口为目的的出口信贷。

到了垄断资本主义时期，随着跨国公司的蓬勃兴起，全球范围内的资源配置、生产组织形式、经营活动方式、市场规模等都发生了巨大变化，国际贸易迅猛发展，国际贸易融资需求快速上升。然而20世纪60年代后期，受国际债务危机的影响，各大银行放款速度明显放缓，各国政府也限制了本国银行的对外贷款规模，国际保理、福费廷等多种新型的国际贸易融资方式应运而生。

19世纪中叶世界贸易迅速发展，为解决贸易过程中交易链条长、信用风险高、资金压力大等问题，信用证及相关的进出口融资工具出现。这种金融创新极大地推动了世界贸易和国际银行业务的发展。

（三）贸易金融的创新阶段

在信息技术革命推动下，经济全球化进一步深化，世界分工模式发生深刻变革，全球贸易进入加速发展时期，对高效率、高质量贸易金融服务的需求也逐渐增加。贸易金融也从狭义的贸易结算与融资的发展阶段进入了服务于贸易链全过程，即与投资、生产、销售活动紧密联系的综合金融服务阶段。供应链金融的核心在于通过向链条核心企业注资，供应链从原材料采购，到制成中间产品，再到生产出最终产品，最后由销售网络把产品送到终端消费者手中，将供应商、制造商、分销商、零售商，直到最终用户连成一个整体，从而实现了供应链的整合。供应链金融的另一个核心在于将物流、资金流和信息流统一起来，达到三流合一的更高层次，从而进入贸易金融业务发展的新阶段。

二、贸易金融服务的发展新趋势

随着经济全球化、国际投资和跨国公司迅猛发展，国际竞争已逐渐由企业间竞争转变为供应链环节竞争，供应链竞争逐渐成为国际竞争主要方式。经济全球化导致企业生产和销售布局日益全球化，全球融资和资金往来日益频繁，使得企业对财务管理提出新的要求。全球科技产业化浪潮中信息技术飞速发展，使全球经济进入以知识信息为核心的竞争资本时代。在此背景下国际贸易呈现出新的特点，为之服务的贸易金融亦呈现出新的发展趋势。

（一）与贸易供应链相结合

贸易供应链是指由原材料供应商、商品制造商、运输公司、仓储及配送中心和渠道销售商等构成的物流网络。金融企业在这个网络的不同节点可提供不同的服务，或在全部节点提供全程服务。如出口商接到订单后，在生产前需要支付预付款或全部货款来购买原材料；在生产过程中需要流动资金；成品进入运输与仓储环节后资金受到积压；从最终渠道销售商（进口商）确认货物到拿到应收账款又需要一段时间。

金融企业可通过供应链分析上下游客户之间的交易关系，实现对物流和资金流的有效控制，采取灵活的方式为处在贸易供应链不同环节的客户提供结算、融资、担保及账户管理等金融服务。

（二）与企业财务管理相结合

以汇付、托收等为主要结算方式的赊销，以及以延期付款或承兑的形式开具的信用证结算给出口商带来大量的应收账款，出口商为加速资金周转，通常将应收账款出售给银行或专业金融公司以收回现金。跨国公司为应对全球采购和销售带来的财务管理复杂化，通常需金融企业帮助建立全球集中化的财务管理模式，以追踪每日现金盈余情况、币种结构情况、信贷余额情况、债务情况、应收账款情况等，确保资金链安全高效。因此，贸易融资与企业财务管理相结合已成为贸易金融发展的重要趋势。

（三）与信息技术相结合

当今信息科技的迅猛发展为国际贸易中的"信息流、物流和资金流"带来巨大的变化。如互联网创造随时随地交换信息的便利，买卖双方建立的EDI（数据交换系统）平台实现商品零库存和生产低成本；无纸贸易在运输、商检、海关、结算等环节的广泛应用，大大提高物流速度；跨国公司依托金融企业建立起全球集中化财务资金管理系统，实现实时调剂资金余缺，极大地提高资金运用效率，这些无不对金融企业提出新要求，既要能通过安全的互联网渠道为客户全球性的商务交易提供服务平台，又要能通过信息技术与电子政务相关机构以及运输公司、物流公司、信息咨询公司等建立良好合作关系。

第二章 互联网时代下的金融创新技术

第一节 大数据技术

大数据会成为互联网金融的核心，人工智能和区块链这两个技术，在未来会使数字货币在金融市场当中的使用权重大大增强。同时可以彻底改造人和金融机构之间的关系。所以在大数据意义上，未来的金融机构的核心能力不是存量的改造，而完全是增量的变化。在这种情况下，金融机构的核心能力，无论是网点能力、客户能力还是产品能力，在大数据和人工智能的范畴当中，所有的资产都可能会失去意义。

如果说通过大数据方式，通过人脸识别方式，可以把高净值、愿意接受新的金融产品的人抓取出来，那很可能现在银行所保有的这一块，现在来看还是一个非常具有竞争能力的私人银行业务，他们自己也是通过社群化的方式，重新打通用户的关系点。

一、金融大数据概述

当今，信息技术为人类步入智能社会开启了大门，带动了互联网、物联网、电子商务、现代物流、互联网金融等现代服务业发展。

（一）从资源视角来看，大数据是新资源，体现了一种全新的资源观

分布式存储和计算技术迅猛发展，极大地提升了互联网数据管理能力，引发全社会开始重新审视"数据"的价值，开始把数据当作一种独特的战略资源对待。

（二）从技术视角看，大数据代表了新一代数据管理与分析技术

传统的数据管理与分析技术以结构化数据为管理对象，在小数据集上进行分析，以集中式架构为主，成本高昂。与"贵族化"的数据分析技术相比，

源于互联网的、面向多元异构数据、在超大规模数据集上进行分析、以分布式架构为主的新一代数据管理技术,与开源软件潮流叠加,在大幅提高处理效率的同时,成百倍地降低了数据应用成本。

(三)从理念视角看,大数据打开了一种全新的思维角度

大数据的应用,赋予了"实事求是"新的内涵,其一是"数据驱动",即经营管理决策可以自下而上地由数据来驱动;其二是"数据闭环",互联网行业往往能够构建包括数据采集、建模分析、效果评估到反馈修正各个环节在内的完整"数据闭环",从而能够不断地自我升级、螺旋上升。

当前,国内外缺乏对大数据产业的公认界定。从数据应用的角度来看,大数据产业既包括在大数据采集、存储、管理、挖掘等环节提供数据资源供给、数据分析服务、数据应用产品的"核心大数据企业",也包括诸多非信息技术领域中,适用大数据理念、技术来提升运作效率、提高决策水平的"大数据生态企业"。

未来,大数据技术将呈现出数据源更丰富、处理技术更强大、分析技术更精准等趋势。数据源方面,经过行业信息化建设,医疗、交通、金融等领域已经积累了大量的数据资源;而随着物联网的应用、移动互联网的普及,来自社交网络、可穿戴设备、车联网、物联网以及政府公开信息平台的数据,将成为大数据增量数据资源的主体。数据处理技术方面,谷歌文件系统(Google File System,GFS)、Hadoop 分布式文件系统(Hadoop Distributed File System,HDFS)技术的出现,奠定了大数据存储技术的基础;而日后出现的 MapReduce(映射 – 规约模型),Storm,Dremel,Spark,Pregel 等各类大数据技术,进一步提升了大数据处理能力,在开源社区的不断努力之下,性能更高的新技术将不断涌现、快速更新。数据分析技术方面,大数据为人工智能、深度神经网络的研究突破提供了技术和数据保障。未来,大数据技术不但能够大大降低企业部署联机分析处理(On Line Analytical Processing,OLAP)、数据挖掘等数据分析工作的成本,更可在大地结构化/半结构化数据及文字、图片、音频,视频等非结构化数据中获得更多的价值。

二、金融行业大数据现状

随着大数据技术的快速发展,大数据在金融业的应用场景正在逐步拓展,在风险控制、运营管理、销售支持和商业模式创新等细分领域都得到了

广泛的应用。

（一）金融行业数据源概览

金融行业内部积累的大数据资源、行业外部获取的大数据资源均可为金融行业所用。按照具体的业务场景，可将金融行业内的大数据源划分为银行业数据、证券期货业数据、保险业数据和互联网金融平台数据等方面。

1. 银行业数据

银行业数据主要包括以下五个方面，即客户信息数据，由客户交易获取的结构化数据，银行业务处理过程中采集的用于集中作业、集中授权、集中监控的影像、视频等非结构化数据，银行网站点击中隐含的大量客户需求或产品改进信息，各类媒体、社交网络中涉及的银行信息等。

2. 证券期货业数据

证券期货业的经营对数据的实时性、准确性和安全性的要求较高。证券期货数据包括实时行情、历史金融数据、统计数据、新闻资讯等，数据涵盖股票、期货、基金、债券、股指期货、商品期货等与宏观经济、行业经济息息相关的多个方面。证券期货数据的数据量大、变化快，期货数据每秒更新两次，每日产生上万笔数据。宏观经济数据包括国内宏观经济数据、地区经济数据、行业经济数据、国外宏观经济数据四大类，涉及超过 13 万个经济指标、670 万条经济数据。新闻资讯不仅包括新闻信息和机构研究报告，还包括论坛、微博发布的网络舆情信息，这些数据需要采用网络爬虫、语音分析等非结构化数据处理方法进行数据挖掘。

3. 保险业数据

保险业数据包括保单、理赔电话营销录音、保险业相关行业业务数据、与具体险种相关的行业外数据（气象、经济指标、区域统计指标等）、医疗保险记录和病历、汽车险及投保者的驾驶违章记录数据等。保险业的非结构化数据多为影像数据，这些数据为保险公司的各类决策提供支持，支撑保险营销、定价等业务的开展。

4. 互联网金融平台数据

互联网金融平台数据包括支付数据、网络融资数据等方面。支付数据即用户的转账汇款、机票订购、火车票代购、保险续费、生活缴费等支付服务数据，网络融资服务数据主要是贷款方的财务报表、运营状况，个人财产等资信相关数据、投资方的个人基本信息和行为信息及偏好信息。互联网金融公司除了在自身服务平台上搜集数据外，还可以在互联网上获取如用户的网页浏览数据、其他平台交易数据、网络言论等数据资源，对客户的行为进行交叉验证。

（二）金融行业大数据应用现状

由于行业的特点，金融行业在"大数据"概念提出之前，一直是数据治理、数据分析领域的积极实践者，并在数据仓库、数据分析平台、数据挖掘等领域进行了卓有成效的实践。近年来，金融行业积极吸纳、学习"大数据"理念和相关技术，结合自身业务将既有的数据分析工作推向了新的高度。目前，大数据治理和分析能力已经成为各类金融机构的核心竞争力和发展的重要推动。

以下是金融行业大数据的一些典型应用场景。

1. 银行业的大数据应用

商业银行对数据的集中、规整、分析、挖掘可以追溯到 2000 年前后。近年来银行 IT 系统建设积极采用大数据所带来的开放、聚合、互联、智能的理念和相关技术体系，取得了一系列应用成果。

（1）大数据平台建设

实现目标：基于既有的数据仓库或内部数据分析挖掘平台，及时跟进、评估开源社区和大数据行业的技术发展进展，搭建融合数据仓库和开源技术的大数据处理平台，使得商业银行有能力基于行业内外的数据源开展各类大数据应用。

具体内容：在现有统一的数据库架构下，逐步审慎评估、纳入 Hadoop、YARN、Spark、Tez、HBase、Kafka、OceanBase、NoSQL、内存计算、流计算和图计算等技术，使用个人计算机架构服务器搭建更具经济性的计算集群，以期在数据吞吐量、处理速度、数据源多样性、IT 运维成本等方面获得较高提升，有效支持商业银行在线上、线下各类业务的效率提升和融合。

（2）大数据产品创新

实现目标：基于商业银行多年积累的海量内部数据，纳入合规合法的外部数据，开发出门槛更低、更加便捷高效的创新产品，提升产品的竞争力。

具体内容：在多年积累的产品体系基础上，进一步提高内部数据的打通、整合、挖掘水平，纳入覆盖面更广、颗粒度更细的内部数据，借助特征工程、机器学习等大数据分析技术，结合征信、税务、互联网公开数据等外部数据源、在个人／对公信贷、供应链金融等业务场域中进行产品创新尝试，开发出线上申请、快速审批的互联网信贷产品。

（3）大数据风控尝试

实现目标：利用大数据的先进技术，打通内部、外部数据，提升内控合规、反欺诈、信用风险管理等方面的技术水平。

具体内容：采用大数据总线技术，提升数据获取的颗粒度和数据更新速度，借助网络爬虫、图数据库、机器学习等大数据技术，提升数据分析的精度和场域匹配度，全面掌握客户风险情况，提升非现场审计的业务占比，在提高风控质量的同时，有效提升业务效率，减少时间、资金和人力资源的支出。

（4）大数据营销服务探索

实现目标：利用行内积累的客户数据，结合大数据分析技术，准确理解客户需求，发掘潜在客户，提升对客户感知能力和个性化营销、服务水平。

具体内容：引入非结构化数据处理技术，结合大数据总线技术、机器学习建模、个性化营销技术，利用内部各渠道积累的数据，强化客户行为数据的收集利用，提升数据获取的颗粒度和数据更新速度，通过线上或线下客户经理等通道，准确感知客户的实时需求，并实现全渠道伴随式服务和营销。

2. 保险业的大数据应用

（1）费率计算模型优化

实现目标：利用过往业务中积累的真实理赔数据，结合内部和外部大数据，通过构建更加精细的模型，实现保费精准差异化定价，提升盈利能力。

具体内容：利用大数据平台，将内部的客户属性信息、外部获取的客户行为习惯信息与真实的客户理赔数据进行关联，进而使用因子分析、特征工程、逻辑回归、决策树、随机森林等算法，经过多轮数据建模与场景化调优，构建出基于大数据保费定价模型，对不同理赔概率的客户提供差异化的报价。

（2）客户结构优化

实现目标：利用历史积累数据，从既有的客户群中，探索出高价值客户群，为进一步优化客户结构提供决策参考。

具体内容：借助美联分析、回归建模、机器学习建模等方法，结合业务规则，对赔付率正常、件均保费高、库存高的客户群体进行档位确定设计专项营销，提升高价值客户群的业务转化率。

（3）好名单优选

实现目标：利用数据挖掘方法进行客户营销转化率分析，区分目标客户的营销转化率，提升营销成功率。

具体内容：使用回归分析、决策树建模等多变量分析技术，利用既有数据和外部数据资源，对客户进行精准画像，进而以转化率为优化目标，建立营销转化率预估模型，发现转化率高的客户，优先实施营销。

（4）基于客户行为的营销资源优化

实现目标：基于历史数据和客户行为数据，实现营销资源的合理配置和有效使用，从而提升营销效果。

具体内容：对营销资源管理系统及历史数据进行分析，结合外部数据，分析客户行为偏好，找出投保最优配置，同时对投保系统进行优化，逐步形成投保全生命周期管理的完整流程。

3. 证券业的大数据应用

证券业是典型的数据生产行业和数据驱动型行业，无论是经纪业务中更好地获客、为客户提供投资咨询和辅助决策，还是资产管理中的量化投资模型的建立，都已经离不开大数据的支撑。

（1）大数据经纪业务

经纪业务作为典型的通道中介，券商服务标准趋同，陷入价格竞争的红海，而大数据的引入为券商提供差异化服务提供支撑，助力券商将经纪业务由通道类业务转变成包含增值服务金融服务，深刻改变着行业竞争格局。

客户营销：建立潜在客户识别模型和新增客户质量评估模型，制订针对性的营销方案，大大提高拉新效率；对于存量客户，通过建立客户渠道偏好模型、客户购买倾向预测模型、客户投资能力评价模型、产品关联分析模型、客户满意度评价模型和客户忠诚度评价模型等，制订针对性地促进客户活跃度的应对方案，开展相应的营销活动，提高客户活跃度和贡献度。

客户转化率提升：通过对客户交易习惯和行为分析，提升客户交易的频率、客户的资产规模，从而提升业务收益。具体而言，就是根据客户的行为偏好，推荐不同的服务：对于交易频率低且年收益率较低的客户，推荐理财产品；对于交易频率高、收益水平高的客户，推送融资服务；对于交易频率低、资金量大的客户，主动提供投资咨询服务。

证券咨询服务：利用大数据技术提升投资咨询服务水准，增强客户黏性，例如，基于每日实时抓取的新闻资讯和股票、政经相关数据，通过大数据分析，帮助用户快速获取全网关注的投资热点。

（2）大数据资产管理业务

实现目标：通过构建大数据模型，理顺主力资金与散户资金、主力行为与市场走势、散户情绪与市场走势等的关系，从而增加投资胜率；利用大数据技术，建立针对各个市场、面向不同用户的交易策略，让投资者能够科学稳定地在全球市场投资。

具体内容：利用大数据建立算法交易与投资平台，为证券公司资产管理部、证券投资部提供包括高频行情、智能策略交易与交易报盘绿色通道等在内的更加丰富、高效的策略化投资手段；借助大数据技术挖掘历史数据、高频数据和实时分析当前流式数据，通过交易策略的多维运算发现获利机会，根据设定策略全自动委托下单，从而快速完成交易服务，保证执行效率，降低冲击成本，同时实现高端客户的个性化营销，提升客户价值。

4. 基金业的大数据应用

大数据一个重要的应用是用来进行辅助投资、制定投资策略。具体来看，大数据可以用来进行选股和择时。选股方面，就是利用大数据甄选出基本面向好或投资方关注度较高的股票并形成投资组合，前者如根据电商网站统计数据购买近期销售向好、价格提升的产品品类的股票，后者如根据财经网站股票板块不同股票浏览数据筛选出近期关注度较高的股票。择时方面，可以利用大数据捕捉投资者的市场情绪，例如根据财经网站股票板块的点击量、关键词如"股票"的搜索量、博客中股票市场文章的发表和点击量等构建情绪指数，在市场情绪上涨时提升组合仓位、在市场情绪回落时降低组合仓位。

5. 互联网金融的大数据应用

互联网金融企业多数为纯线上服务，与客户没有直接接触，它收集客户数据的来源主要分为如下几类：第一类是自身积累的数据，这主要包括客户在金融服务类网站的行为记录，如电商的交易日志、支付的流水记录，以及一切登录浏览等行为；第二类是通过各类线上线下的合作伙伴处获取的数据，如行业黑名单、法院审判结果、第三方信用评估等；第三类是通过网格爬虫从互联网上采集的公开数据，包括新闻、各种空间自媒体等；第四类是客户授权从其他系统获得的数据，如客户的信用报告、联系人、工资单、银行流水、电商记录、信用卡流水、通话记录等。这些信息单，单独存在的价值都不大，但当它们汇聚成海量信息，成为大数据，经过数据采集、清洗、分析、建模、机器学习等一系列步骤，就可以建立集中式大数据平台提供服务。目前大数据在互联网金融行业的应用较为突出的领域有授信、风控反欺诈、营销、动态定价等。

（1）用户画像

无论是借钱还是投资，企业都需要深入了解客户，包括收入水平、偿还能力、消费偏好、资产配置等，甚至还包括他的心理状况、社会关系、所处行业的趋势等。这些对于客户投资借贷行为的预测都有着至关重要的意义。通过大数据分析，互联网金融企业可以把客户的属性标签从几十个扩展到几百甚至几千个，从而360度无死角地描述一个客户。

（2）快速授信

互联网金融通过大数据等技术手段降低了征信成本和营销成本，使更广泛的人群也拥有了贷款／投资的机会，现在行业小额贷款的审批速度已经普遍达到了几秒甚至秒级。

（3）风控／反欺诈

互联网在降低金融服务成本的同时，也给金融欺诈打开了方便之门。身份伪造、恶意逾期等行为使互联网金融行业损失数以十亿元计，每个企业都为如何堵住漏洞发现欺诈绞尽脑汁。

通过对用户网络行为、设备动态、平台行为、交易行为，及整体行为的分析，可以形成一个用户的行为数据图片。例如，通过大数据业务分析和技术分析手段特别是特征工程能力对这些海量数据进行处理，综合评判各细分人群对平台的影响，并依照平台的目标制定差异化运营措施，并从技术和业务角度制定相应的运营措施。

欺诈行为包括伪造信息提高授信，利用流程漏洞套利，甚至盗窃、伪造身份骗贷。由于互联网的非接触性和便捷性，使得这种欺诈实施起来更隐蔽，完成起来更迅速。在进行大数据反欺诈时，通常需要多个风控模型协同工作，这里包括基于用户个人申请信息的模型、基于用户社交关系的模型和基于用户历史交易的模型等。同时，还可以使用机器学习模型来自动挖掘非线性的特征组合，提高识别的准确率。大数据反欺诈的一个明显优势是，当模型众多、计算量达到一定程度时，结论和数据之间的关系已经无法靠人类经验来解读，这种情况下任何针对单一风控模型的造假就变得极为困难甚至毫无可能。例如，对一些有组织的骗贷行为，比如使用多个手机号登记、用多个空壳公司为其提供在职证明、填写不同的亲属关系等，利用人工手段进行甄别费时费力。通过大数据分析就很容易发现这些数据之间的关联，从而进行预警。

（4）大数据营销

对于互联网金融服务机构来说，它的一个永远的痛点是：如何在第一时间洞察客户的金融需求，使用有效手段触达客户，推荐最适合的产品，引导客户在本机构完成贷款或进行投资。

大数据在营销方面的一个解决方案包括分析信贷产品、洞察目标客群、做客群画像；通过意愿预测模型，预测客户意愿；对客户进行分层，不同价值等级采取不同的营销手段；结合客群共同特征进行营销模板的设计；实时性的数据反馈，进行模型的优化迭代；对客户的动态分析，帮助风控建模及交叉营销。由于结合了大数据的精准营销模式，整体响应率、符合率都比传统模式有较明显的提升，模型逐步地优化迭代，各环节营销效果也是呈上升趋势。

（5）动态定价

动态定价是指抛开传统的围绕产品的固定定价模式，将价格与服务的场景、对象绑定在一起，更精准地用价格杠杆应对风险，达到提高收益的目的，这个应用的典型例子是运费险：通过大数据分析，让保险公司能够针对具体的人和商品来进行定价。具体来说，就是通过对退货风险的大数据分析，发现退货概率和消费者属性和消费场景的内在关联，例如，女性更容易退货，鞋类退货率高。再通过数据建模和深度学习制定出总收益最高的保险费策略。于是，对低退货风险的人和商品，运费险只要几毛钱，而在高退货风险的情况下，运费险甚至可能比商品价格还贵。最终保险公司提高了收益。另一个目前开始流行的动态定价的应用是动态利率。对于同一类信贷产品，针对不同用户，甚至针对不同场景下的同一个用户，都可以实现利率实时计算，而不是基于某种预先设置的静态策略。

（6）大数据的流通

随着大数据时代的来临，金融、商贸、医疗、教育、人工智能等产业对数据流通共享的需求日益增长。

对于敏感度较高的金融行业大数据，其流通价值是可以预见的。业界普遍认为，必须依托政府和市场的双重力量。由数据供方、数据平台、数据需方和监管机构四方参与的数据交易机构作为兼具"技术、信息安全和法律保障"的数据价值转化渠道，可以有效规范数据交易行为，实现商业价值、个人隐私和公共利益的平衡。

三、金融大数据发展展望

（一）金融行业内部、外部数据的融合力度进一步加强

金融行业的信息化程度较高，并已在多年的数据治理过程中积累了丰富的数据资产。近年来，一些金融机构已经尝试多种跨界合作的场景，并在其中尝试接入税务、工商、运营商等外部数据，实现内部金融数据与外部行业数据的融合，已经初步发掘了大数据融合的协同价值。

与此同时，一批非金融企业进入金融服务领域，这些"外来者"过去往往在行业中已经有很深的沉淀，或多或少也积累了一定的数据。进入金融领域后，原有数据被重新梳理，因而从另一个角度审视其数据价值。原有行业数据的金融短板也要求企业引入更多的数据，通过跨界融合产生新的数据应用场景，未来，金融行业内部、外部数据将进一步融合，大数据应用将获得更全面、细致的数据基础，从而推动更多基于大数据的金融业务创新。

（二）大数据对金融业务的驱动作用进一步显现

近两年，金融机构在充分消化、吸收大数据技术的基础之上，利用大数据的理念与技术，开展了一系列的大数据应用，从用户画像深入到用户特征分析，并通过不同角度的业务特征分析把数据应用扩展到从日常运营、产品创新、风险控制、个性化客户服务等主要的业务领域，在一些业务领域中，大数据已经深度融入业务流程的计划、执行、监控、评估解释环节，形成了

业务大数据的完整闭环。通过大数据闭环，可以快速验证数据应用的效果和价值。

大数据与人工智能将推动新一波金融创新。诸如深度学习、图分析、自然语言处理、语音识别、图像内容理解等技术也在快速演进，将会逐渐发展成为金融细分业务的数据驱动引擎。智能投资、精准营销、反欺诈、反黑产等数据引擎已经进入实战阶段，显现出很高的业务价值。未来，越来越多的精细化、全流程的闭环业务驱动引擎将会出现，在金融经营活动的各个领域发挥价值，提升金融机构的经营效能。

（三）金融机构与大数据服务机构的合作进一步深化

近年来，一些金融机构与专业的大数据服务机构合作，将自身对金融业务、客户市场的深度理解与大数据服务机构的数据资源整合能力、大数据技术实践能力结合起来，共同研发出了新颖、实用、高效的大数据金融应用，获得了市场与客户的共同认可。在这一过程当中，一批技术过硬，依法合规开展大数据服务的新型专业机构逐渐涌现，这类以大数据服务作为主营业务的新兴机构，往往在金融机构的细分业务领域提供数据技术层面上的各种技术工具和技术服务。

金融大数据的应用开发唯快不破，面对激烈的市场竞争，越来越多的金融机构将与数据交易市场、数据应用提供商，数据驱动引擎开发商等专业大数据服务机构进行合作，从数据获取、存储、分析、呈现等各个层面上开展协同创新，共同发掘金融服务的新价值，新兴大数据服务机构将由此成为金融大数据生态的重要组成部分。

第二节　云计算技术

一、金融云计算概述

云计算是一种 IT 资源的交付和使用模式，是指通过网络以按需、易扩展的方式获得所需的硬件、平台、软件及服务等资源。它是由分布式计算，并行处理，网格计算发展来的，是一种新兴的商业计算模型。

云计算是推动信息技术能力实现按需供给、促进信息技术和数据资源充分利用的全新业态，是信息化发展的重大变革和必然趋势，发展云计算，有利于分享信息知识和创新资源，降低全社会创业成本，培育形成新产业和新消费热点，对稳增长、调结构、惠民生和建设创新型国家具有重要意义。当前，云计算已引发金融领域重大变革，是金融科技的必要组成部分。

（一）云计算加速金融行业 IT 架构转型

在"互联网＋"时代，业务的转型发展对 IT 系统的安全性、实用性与业务持续性提出了更高的要求，基于上述因素，一些高端软硬件技术架构的弊端逐渐显现。

近几年来国内外云计算发展十分迅猛，除了新兴的云计算厂商在大力推动云计算发展之外，一些传统 IT 厂商也纷纷向云计算转型，云计算技术和服务越来越成熟、越来越开放和标准化，逐渐在多领域广泛应用。

正是在这种新旧技术交替发展的过程中，金融业也在悄然发生改变，一些新兴金融机构迫于成本、人力的压力，直接使用云计算服务，有力支撑了业务快速增长。与此同时，一些传统金融机构为应对移动互联网时代下的金融业务发展需求，也在探索向云计算、分布式架构转型。

（二）金融云计算部署模式

根据使用云计算平台的客户范围的不同，云计算部署模式可以分为公共云、行业云（如金融云）、专有云和混合云。公共云指不限制客户范围的云计算平台。专有云指专为某个机构服务的云计算平台。混合云指前述几种部署模式的组合。金融云（属行业云）主要指仅限于为金融行业服务的云计算平台，包括金融机构自建的专有金融云、云服务商为金融业提供的公共金融云，以及上述两种模式组合的混合金融云。

（三）金融云计算服务模式

同其他领域的云计算服务模式一样，金融云计算服务模式也是由云服务商提供的资源类型来决定的，主要分为软件即服务（Software as a Service，SaaS）、平台即服务（Platform as a Service，PaaS）、基础设施即服务（Infrastructure as a Service，IaaS）三种模式，在 SaaS 模式下，云服务商向客户提供的是运行在云基础设施之上的应用软件，在 PaaS 模式下，云服务商向客户提供的是运行在云计算基础设施之上的软件开发和运行平台，在 IaaS 模式下，云服务商向客户提供虚拟计算机、存储、网络等计算资源，提供访问云计算基础设施的服务接口。

（四）金融机构应用云计算服务的好处

金融机构应用云计算服务，可获得如下四大益处。

一是减少开销和能耗。采用云计算服务可以将硬件和基础设施建设资金投入转变为按需支付服务费用，客户只对使用的资源付费，无须承担建设和维护基础设施的费用。云平台使用虚拟化、动态迁移和工作负载整合等技术提升运行资源的利用效率，通过关闭空闲资源组件等降低能耗。多租户共享机制，资源的集中共享可以满足多个客户不同时间段对资源的峰值要求，避免按峰值需求设计容量和性能而造成的资源浪费。资源利用效率的提高可以有效降低运营成本，减少能耗，实现绿色 IT。

二是增加业务灵活性。对于使用公共云服务的客户，不需要建设专门的基础设施，缩短业务系统建设周期，使客户能专注于业务的功能和创新，提升业务响应速度和服务质量，实现业务系统的快速部署，对于部署专有云平台的企业，通过云服务供给方式，和提高了资源的交付效率，以及业务的灵活性。

三是提高业务系统可用性。云计算的资源优化和快速伸缩性特征，使部署在云平台上的客户业务系统可动态扩展，满足业务对 IT 资源的迅速扩充与释放，从而避免因需求突增而导致客户业务系统的异常中断。云平台的备份和多副本机制可提高业务系统的健壮性，避免数据丢失和业务中断。

四是提升团队专业性。云计算技术发展迅速，需要有专业技术团队及时更新或采用先进技术和设备，以提供更加专业的技术、管理和人员支撑，使用户能获得更加专业和先进的技术服务。通常只有公共云服务商或大型金融机构具备这些技术能力。

二、金融云计算发展情况

近年来，金融监管部门逐步明确对云计算的支持，公共云服务商进一步加大在金融领域的投入，越来越多的云服务商建设了专门为金融机构服务的金融云。同时，越来越多的金融机构开始考虑使用公共云服务或自建专有云平台，金融业的云计算市场在逐步扩大。

（一）金融业云计算部署模式

行业云为主，公共云、专有云、混合云并存。

在使用云计算的金融机构中，多数机构选择使用金融行业云，以进一步提高安全可靠性，满足金融监管的要求。一些大型机构尝试使用专有云，以提高自身对云平台的可控性。一些互联网金融公司由于长期没有受到严格的监管而选择使用公共云。个别机构尝试混合云，在提高核心数据安全可控性的前提下通过混合云来达到资源弹性伸缩的目的，灵活应对"流量洪峰"。

（二）金融业云计算服务模式

IaaS 为主，PaaS、SaaS 为辅。

金融机构在采购云计算服务时，仍然以 IaaS 服务模式为主，实现资源虚拟化。一些机构也在尝试使用 PaaS 服务，为网络金融相关的业务系统构建分布式和服务化系统架构，支撑弹性伸缩和敏捷 IT。一些云服务商还通过云市场的方式为金融机构提供第三方的 SaaS 服务。

（三）金融业云计算服务的主要场景

保险业已有全面应用，银行业、证券业多在外围应用。

1. 保险业核心业务系统

由于中国保险监督管理委员会发布了明确支持云计算的指导文件，因此一些网络保险公司或新兴保险公司已把核心业务系统运行在了具有较高安全保护等级的云平台上。

2. 非核心系统

对于云计算，金融机构（尤其是银行业金融机构）多数还处于试水的阶段，尚未把核心业务系统和数据库部署到云平台上。大部分金融机构选择采用 X86 服务器搭建云计算平台，将原来承载在主机或小型机上的一些外围应用服务改造为集群化部署方式，使其不会因硬件故障导致系统运行中断，之后得以将改造后的应用服务迁移到云计算平台。而核心系统仍采用相对传统的部署方式。

3. 互联网业务接入的前置系统

近年来，由于电子商务等互联网相关业务的快速发展和爆发特性，金融机构内部 IT 系统越来越难以支撑相关业务。例如，"双 11"大促销，部分金融机构为了支撑"秒杀"类的业务，只能将部分业务压力进行转移，为缓冲系统压力，降低系统风险，金融机构开始将部分网络业务的前置系统转移到云计算平台上来抵抗峰值压力，才能更为从容地应对业务的峰值冲击。

4.企业互联网网站系统

互联网网站由于技术相对简单、受众覆盖范围广、不涉及太多金融交易、需要高质量的互联网网络平台来提升用户体验，所以一些机构将企业的互联网网站部署在云计算平台。利用云计算平台高质量的网络环境和全方位的地理覆盖，能够为这些机构带来更好的用户体验，同时降低这些机构的互联网带宽需求，节约 IT 运行成本。

5.证券业务行情系统

由于证券业务的行情系统只有公开信息，不涉及客户隐私，且对互联网资源要求很高，特别适合使用云计算方式来提供服务。一方面是云平台通常具有很高的带宽，另一方面使用云计算能满足行情淡季和旺季对资源弹性伸缩的需求。

6.互联网金融服务系统

互联网金融系统包含微贷、消费金融等相关业务系统。对于互联网金融服务初创企业，由于其系统需要新建，没有历史技术包袱，通过云服务商提供的云服务，可以快速搭建业务系统，降低前期投入，并且天然的互联网业务特性适用于云计算相关技术。

7.网络学习等辅助系统

企业的网络学习系统是企业内部员工的培训系统。要通过互联网进行访问，并不涉及金融业务，安全等级要求较低，但对用户和系统性能要求较高，因此部分金融机构将此类系统部署在云平台，不仅提高了系统管理灵活性，降低了运营成本，还大幅改善了用户体验。

8.企业开发测试环境

一些金融机构（尤其是银行业金融机构）在应用云计算时，早期仅仅把云计算系统用于开发测试环境，进行应用系统的开发和测试，通过云计算平台的搭建，这些机构的 IT 部门开始逐步体会到云计算平台实现 IT 资源服务化带来的好处，能够大幅降低系统环境准备的时间和应用上线周期，使得整个开发测试过程更为敏捷。

（四）金融云计算多层次发展方向

云计算将促进金融信息技术和数据资源的充分利用，并推动金融服务的持续创新，金融行业云计算服务下一步的重要发展方向是实施架构转型、提升资源效率、推进业务创新、提升用户体验、增强安全防控。其整体发展将包含三个层次。

第一个层次是金融机构实施架构转型，并完成开发测试及运行环境、金融服务场景、金融应用的云化。

第二个层次是形成金融机构的开放服务平台，金融机构要有策略、有计划、有针对性、安全合规地对金融服务进行开放。通过金融机构自身的信用认证、接口等公共服务应用程序接口（Application Programming Interface，API），第三方合作伙伴 API 的开放和融合，将金融服务结合或植入合作伙伴所提供的服务场景中，形成多种创新的金融 SaaS 服务，提升金融机构业务创新、数据分析、安全防控的能力。

第三个层次是形成金融机构间共建共享的云生态。通过金融机构间、互联网企业、云服务商、第三方金融软件应用提供商的合作，实现服务资源集中共享，建立灵活高效的金融应用市场。通过金融机构服务能力的输出和外部服务能力的引入，实现合作共赢，形成有利于各参与方的生态化体系。

多个金融机构尤其是中小型金融机构可以采用"合作建立、共同经营"的机制建立联盟云（行业云联盟）。一方面，在提升自身机构的云化开发、升级、部署、管理、创新效率的同时切实降低成本；另一方面，利用基于联盟云的生态体系，既聚合机构间力量，又能够根据自身特点获取所需外部资源，形成差异化竞争优势。

（五）云计算的典型应用

1. 业务背景

近年来互联网金融行业飞速发展，对 IT 平台的快速构建、高并发访问、风险控制和安全防护提出了非常高的要求，传统的金融 IT 系统已经很难满足互联网金融的快速发展，必须通过互联网技术和云计算架构来满足要求。

2. 部署架构描述

互联网金融系统的技术架构，需要能支持高并发的用户访问，需要采用去中心化的企业级分布式应用服务（Enterprise Distributed Application Service，EDAS）集群架构，结合分布式关系型数据库服务（Distributed Relational Database Service，DRDS）及分库分表策略，以彻底解决架构中的单点和热点问题，实现全链路监控，并根据用户流量动态扩容和高峰限流，同时实现以下方面：①根据系统特点，采用同城容灾架构。②前端接入高防集群，提供海量的抗攻击能力。③通过 EDAS 和 DRDS 实现应用和数据库层的弹性扩展，随时应对更大、更具偶发性的业务压力。④关系型数据库服务（Relational DaUbase Service，RDS）、消息通知服务和键值存储服务等更多服务化的云产品，让业务构建更简单、更快速、更稳定。

三、金融云计算发展展望

云计算从原来的一种可能性变成了必然的趋势，各机构将不再讨论是否应该使用云计算，而是应该如何用好云计算技术。

（一）金融机构将进一步扩大云计算技术的应用范围

随着监管部门态度的逐渐清晰，金融机构将更加放心地使用云计算来构建新型 IT 系统，主动探索利用云计算技术实现架构转型，逐渐从辅助系统、外围系统扩大到关键系统甚至核心系统。

（二）公共云服务商将继续加大投入

随着金融业云计算市场的逐渐升温，云服务商在未来必将加大在金融业的投入，laaS 服务竞争将逐渐白热化，PaaS 服务的竞争将逐步开始，部分企业还将开始提供 SaaS 服务。

（三）云计算领域新技术将继续演化

由于研发运维体化（DevOps）逐渐深入人心，容器技术将成为热门并快速普及，它能带来快速部署和持续交付的能力。虽然容器技术在隔离性和成熟度方面仍不完善，但已经成为云计算技术领域未来的发展趋势，微服务和分布式技术架构将逐渐成为未来应用架构发展的趋势。同时，亚马逊推出的无状态事件驱动计算服务展现了无状态计算的潜力，以及对未来云计算发展方向的影响。

第三节 区块链技术

一、区块链概述

区块链被描述为用于记录比特币交易的账务信息。比特币是数字货币的一种应用形态，采用去中心化的运作模式，每笔交易被记录在区块上，具有公开性、透明性。但是随着比特币区块链的扩容，交易费用开始升高、价格波动性强、容量限制、确认时间变长等缺点开始显露，区块链技术结合智能合约的应用空间打开，优点开始展现，区块链技术开始独立于比特币获得更大产业应用空间。作为比特币运行的底层支撑技术——区块链是一种极其巧妙的分布式共享账本技术，对金融乃至各行各业带来的潜在影响甚至不亚于复式记账法的发明。

区块链的实质是由多方参与共同维护一个持续增长的分布式账本（Distributed Ledger），其核心在于通过分布式网络、时序不可篡改的密码学账本及分布式共识机制，建立彼此之间的信任关系，利用由自动化脚本代码组成智能合约来编程和操作数据，最终实现由信息互联向价值互联进化。

区块链技术作为创造信任的机器，主要有以下特点。

（一）去中心化

区块链构建在分布式网络基础上，网络中没有中心化的物理节点和管理机构，网络功能的维护依赖于网络中所有具有维护功能的节点完成，各个节点的地位是平等的，一个节点甚至几个节点损坏不会影响整个系统运作。

（二）建立中介信任

区块链采用基于协商一致的规范和协议，通过数学原理和公开透明的算法，使得整个系统中的所有节点能够在去信任的环境中自由安全的交换数据，实现交易双方在不需要借助第三方权威机构（如中央银行等）信用背书下通过达成共识建立信任关系。

（三）公开透明

区块链作为共享账本，除了交易各方的私有信息被加密外，区块链的数据对所有人公开，所有参与者看到的是同一账本，能看到这个账本所发生和记录的每一笔交易，能查询、验证区块链上的数据记录。

（四）时序且不可篡改

区块链采用带有时间戳的链式区块结构存储数据，具有极强的可追溯性和可验证性。系统中每一个节点都拥有最新的完整数据库复制，一旦信息经过验证添加到区块链上，就会永久存储。

二、区块链系统的运作

区块链是比特币的底层技术，它可以理解为一种公共记账的机制，它并不是一款具体的产品。其基本思想是：通过建立一组互联网上的公共账本，由网络中所有的用户共同在账本上记账与核账，来保证信息的真实性和不可篡改性。而之所以名字叫作"区块"链，顾名思义，是因为区块链存储数据的结构是由网络上一个个"存储区块"组成一根链条，每个区块中包含了一定时间内网络中全部的信息交流数据。随着时间推移，这条链会不断增长。

三、区块链对金融业的影响和作用

区块链之所以引起金融界的一致关注，在于它改变金融的巨大潜力，有可能给金融业带来新机遇、新挑战。

（一）区块链技术使中央银行发行法定数字货币成为可能

比特币是一种基于区块链（或分布式）支付体系的货币或交换价值，它是一种由私营机构或网络社区发行的私营数字货币，也是一种创新的支付系统。各国央行均认识到数字货币能够替代实物现金，降低传统纸币发行、流通的成本，提高支付结算的便利性；并增加经济交易透明度，减少洗钱、逃漏税等违法犯罪行为，提升央行对货币供给和货币流通的控制力；同时，通过发展数字货币背后的区块链技术应用，扩展到整个金融业及其他领域，确保资金和信息的安全，提升社会整体效能。

（二）区块链技术具有提升金融机构协同服务能力的潜力

银团贷款、供应链金融、贸易融资等业务可能涉及不同国家的多家金融机构、多家企业，需要相互之间较长时间的协调，业务办理过程也较为复杂，通过区块链的平台，不但可以减少中转费用，还因为区块链安全、透明、低风险的特性，提高了资金的安全性，以及加快结算与清算速度，大大提高资金利用率，区块链技术具有提升不同金融机构间开展业务的自动化程度、简化协同流程、加快协同效率的潜力。

（三）区块链技术具有降低金融运营成本的潜力

金融机构各个业务系统与后台工作，往往面临长流程多环节。资金转移要通过第三方机构，这使得跨境交易、货币汇率、内部核算等时间花费的成本过高，并给资本带来了风险，区块链技术能够优化金融机构业务流程，减少前台和后台交互，节省大量的人力和物力，有望降低金融运营成本。

（四）区块链技术具有改善业务审计系统的潜力

当前在业务审计过程中，需要花费大量人力、物力去核查被审单位资金余额及交易合同或资金等数据的真实性。区块链的技术特点使得所有交易数据都公开透明、不可篡改地记录在区块中，任何交易数据都可以被查询和追溯，从而提高审计效率，降低审计成本，提升审计结果的可靠性。

（五）区块链技术将有助于金融监管及合规性检查

区块链技术的公开透明、时序不可篡改等特性可以帮助金融监管机构监控每一笔资金的流入流出，从而有助于管控金融资产，增强打击反洗钱、地下黑产等违法犯罪活动力度，防范金融市场中的系统性风险。区块链的技术特性也可以改变现有的征信体系，比如在银行进行"认识你的客户"（Know Your Customer，KYC）时，将不良记录客户的数据储存在区块链中。通过区块链的智能合约技术可自动验证交易和用户合规性，提高合规性检查效率，降低合规性检查成本及出错概率。

四、区块链技术在互联网金融行业的应用与发展

（一）数字货币

区块链的技术特性为数字货币发行可能性提供一种可选的底层技术支撑。区块链技术是一项可选的技术，银行部署了重要力量研究探讨区块链应用技术，但是到目前为止区块链占用资源还是太多，应对不了现在的交易规模，未来能不能解决，还要看看再说。

（二）数字票据

目前票据业务主要存在三方面问题：一是票据的真实性，市场中存在假票、克隆票、刑事票等伪造假冒票据；二是划款的即时性，即票据到期后承兑人未及时将相关款项划入持票人账户；三是违规交易，即票据交易主体或者中介机构，存在一票多卖、清单交易、过桥销规模、出租账户等违规行为。

区块链技术的特性能够消除票据市场的中介乱象，通过智能合约编程的方式提高票据交易的效率，降低监管成本。

（三）跨境支付

当前，跨境支付清算部需要借助第三方中介，经过开户行、中央银行、境外银行等多道程序。由于每一机构都有自己的账簿系统且互相隔离，彼此之间需要建代理关系、在不同系统进行记录、与交易对手进行对账和清算等，可能导致一笔汇款需要 2~3 天才能到账，在途资金占用量极大，而且需要支付大量的手续费。成本和效率成为跨境支付汇款的瓶颈所在。

区块链技术可以摒弃第三方中介的角色，实现点到点快速且成本低廉

的跨境支付。不但可以全天候支付、实时到账、提现简便及没有隐性成本，也有助于降低跨境电商资金风险及满足跨境电商对支付清算服务的及时性、便捷性需求。

（四）数字资产

传统的资产服务如资产所有者证明、真实性公证等，均需要第三方的介入才可以完成。

只有通过资产发行方、资产接收方、流通平台的三方介入，资产才可以完成整个流通过程。当前资产流通渠道有限，导致资产服务流通成本增加。此外，当资产进入流通后，需要依赖资产发行方完成使用和转移，从而限制了资产流通只能在发行方系统用户群内。

基于区块链技术能提高数字资产流通效率，降低流通成本，扩大流通范围，资产发行方均可在区块链上登记、发行任何可数字化的资产。一旦数字资产进入区块链流通，便不再依赖于资产发行方，扩大了流通范围。流通渠道由原来的中心控制变为分布式流通，降低了流通成本。区块链的交易即结算功能使得实时清算成为可能，大幅提高数字资产流通效率。

（五）金融交易

目前，证券的登记、清算和结算涉及中央结算机构、银行、第三方支付平台、证券和交易所等多个机构，交易过程需要层层中介传递以及权威机构公证，效率低、成本高，限制了市场的整体发展。合作行无须进行额外系统开发工作。该系统的数据在生产区加密上链，在生产区解密查看，链上数据的传输和存储全部加密。上链数据亦不包含用户和合作行相关信息，仅有完成对账功能所需的最小数据元素（交易流水号、交易发生时间、交易金额、交易标示）。目前，微众区块链节点部署在腾讯云上，合作行节点可以选择部署在腾讯云，也可以部署在行内机房，由合作行自主评估。此外，通过智能合约的使用还可实现实时流水对账、准实时发现对账差异、实时计算合作行备付金账户、当日发生额与当日余额等功能。

（六）融资众筹

区块链技术在股权登记管理、股权转让流通、智能合约等方面为融资众筹带来了深刻的变化。使用数字货币进行众筹，采用区块链协议发起和管理众筹项目，费率低、易流通、透明、稳定、可审计，智能合约还可以保证未达到预定目标时资金自动退回。币众筹依托数字货币门户，支持比特币/人民币两种支付形式与回报型/股权型两种众筹模式，目标是通过闪电网络与侧链技术建立股权众筹区块链解决方案，在区块链上实现股权众筹的登记、发行、转让、清算等金融业务。

追踪股权交易历史，促进股权的交易和流转，保障私人股权交易转让的参与方公开、透明、共建、共享、共监督；通过将智能合约与数字股权凭证绑定，创建出一种智能股权形态，替代线下纸质协议和中介机构；同时，易于扩展支持股权交易的合规性，利于监管部门监督、审计，提高股权管理效率。

（七）供应链金融

区块链技术开放性、多方确认、账户透明、真实验证、不可篡改等特性，成为突破瓶颈的最佳选择，在供应链溯源方面，区块链可以实现从原材料生产、采购到商品的加工、包装、运输、销售，真实信息分布式记录、删改可查、包装数据源真实有效可追踪查验。在供应链金融数字化方而，区块链将能大幅减少人工的介入，将目前通过纸质作业的程序数字化、透明化，极大地提高效率及减少人工交易可能造成的失误。

（八）互助保险

区块链能够实现对新兴保险业务模式的革新，增强保险市场对风险的记录能力、透明度、识别准确度和反应速度。劳合社保险市场、安联保险、阳光保险等众多保险公司纷纷启动区块链应用计划。区块链技术可以实现真正的P2P或众筹保险模式，基于智能合约建立按需定制的保险合约，将代替传统的保单协议，使管理过程更简单、更自动化、更透明、成本更低；使合约执行速度更快；同时保险公司的角色也将逐渐变为专业咨询和互惠机制管理，而不是直接承担风险。

第四节 移动互联网技术

一、移动互联网金融概述

移动互联网金融是传统金融行业与移动互联网相结合的新兴领域。近年来，移动互联网发展迅猛，伴之而来的是金融行业各种模式的创新也层出不穷，移动互联网金融（即"互联网+"移动终端应用于金融行业）应运而生，并且得到快速发展。随着大数据、云计算、社交网络等新一代互联网技术的迅速崛起，移动互联网金融涌现出更多的新模式、新产品和新公司，不难想象，移动互联网金融的未来前景将会更加乐观。

（一）移动互联网

20世纪出现并且广泛普及的互联网让人们的学习、工作以及生活方式、思维理念受到越来越深刻的冲击和改变，人们也因此充分享受到社会进步和科技发达带来的各种方便和快捷。但是，随着宽带无线接入技术和移动终端技术的不断发展，人们越来越不满足于静态固定方式，更希望随时随地甚至移动过程中的随时从互联网获取信息和服务，移动互联网在这种背景下脱颖而出。移动互联网是一种采用移动无线通信方式，通过智能移动终端获取业务和服务的新兴业务模式。移动互联网包含终端（包括平板计算机、智能手机、电了书等）、软件（包括操作系统、数据库、中间件和安全软件等）和应用（包括工具媒体类、休闲娱乐类和商务财经类等不同应用与服务）三个层面。

（二）互联网金融新模式

互联网金融是实现资金融通的新兴服务模式，它是以依托于互联网的云计算、社交网络以及搜索引擎等工具，实现资金支付、融通和信息中介等业务的一种新兴金融，作为内生性金融创新模式，互联网金融是为适应新的需求而产生的新模式及新业务，它利用互联网技术与通信技术等现代信息技术手段，通过与传统金融业务互相渗透、互相融合，实现共融性发展。目前，互联网金融的创新主要集中在理财领域，随着余额宝等参与者的不断增多，互联网金融的优势更加得到凸显，它降低了理财门槛，减少了金融交易成本，撬动了投资理财、电商消费等大众化领域，提升了新的消费层次，塑造了新的商业模式，打造了新的金融服务格局。

（三）移动互联网金融

移动互联网金融是传统金融行业与移动互联网相结合的新兴领域。移动互联网金融以平板计算机、智能手机和无线POS机等各类移动设备为媒介工具，实现资金支付、股票交易、基金买卖、购买保险等业务的新兴金融模式。从广义上来说，移动互联网金融从属于互联网金融，但从实际效果来看优于互联网金融，因为移动互联网金融和互联网金融虽然都是基于互联网平台，但是有线互联网是人随网走，网线在哪儿，就只能到哪儿上网，而移动互联网是网随人动，人在哪儿，网络就到哪儿，就能够在哪儿上网。移动终端的高度便携性让移动互联网金融具备更多的优越性，并且使之成为传统金融机构与互联网企业等多方市场主体为了在移动互联时代生存和发展需要竞相抢夺的"制高点"。

二、移动互联网对金融服务的影响

（一）操作更便捷

随着智能手机、平板计算机的使用越来越便捷、应用越来越广泛，用户可以因为它们的操作简单、随时上网、携带方便的优点，更好地享受互联网提供的金融服务。当前，只要通过在手机等移动终端上按键就能及时、快捷地实现资金转账、支付以及证券交易等金融功能，并且，时下移动网络具有的推送功能，更能让广大客户在较短的时间内获得自己想要的金融信息，当用户看到某个喜爱的商品，借助手上的移动设备就能够很快识别商品的基本属性、价格情况以及购买渠道，客户只需借助移动终端按几个键就能购买并完成所有金融服务流程。

（二）参与度更高

移动互联网使众多用户能够直接参与金融生产。以用户购买商业银行理财产品为例，在传统的银行服务 B2C（这里 B 指商业银行，C 指手机用户）模式下，只有银行发行标准化的产品后，用户再进行选择和购买与自己最接近的需求产品。但在移动互联网金融时代，商业银行可以基于大数据分析，有针对性地邀请用户主动提出需求，比如金融产品的期限、金额以及风险偏好等，当具有同类需求的用户达到一定数域时，商业银行可以根据客户需求来发行相应产品，从而实现商业银行与客户的价值共创。

（三）中间成本更低

传统线下的 POS 刷卡器的硬件成本不低，交易还受场地固定的约束，而作为硬件终端的手机，不但更便宜，而且使用更方便。移动互联网使得品牌商与移动用户更容易建立长期联系，方便买卖双方直接交流沟通，使得品牌商与移动用户之间制定游戏规则，加快摆脱中介平台和加速商业民主化进程，直到彻底抛弃中介平台。因此，移动互联网金融让股票、期货、黄金等金融产品的交易可以变得随时随地进行,让品牌商与移动用户对中介平台逐渐摒弃,不但减少了中间环节,而且提高了效率,大大地降低交易成本。

（四）协作性更好

移动互联网金融融合了通信、IT、信息和金融等多个行业。比如:通过移动终端,实现水、电和煤气等费用缴纳的移动支付,实现股票类交易的移动证券,实现购物消费的移动电子商务,实现行内或者不同账户间的移动转账等,这些业务都需要以银联为代表的金融机构、通信运营商、信息网络安全企业和掌握移动互联网入口的巨联网公司等多个参与方的合作,在共生互赢的模式和机制上,为了彼此的利益和发展,势必培育和建立各行各业更为紧密的协作和配合关系。

（五）透明度更强

移动互联网金融将过去固化的生活方式转变成移动化,将传统的金融经营和管理模式变得更加开放透明。在移动互联网,有些用户愿意在一些群体里暴露自己的行踪和经历,比如在微理财上获得一笔授信,会主动将体验过程与人分享,这就提高了自己的透明度,增强了朋友对自己的信任度,提升了自己的个人信用,从而获得金融行业的更高授信。并且,移动互联网用户通过移动终端能够实时地了解到通过哪家银行的信用卡能够享受优惠,能否申请消费贷款等金融信息,这将会促进各种金融信息变得透明和公开。

三、移动互联网技术架构

移动互联网的出现带来了移动网和互联网融合发展的新时代,移动网和互联网的融合也会是在应用、网络和终端多层面的融合。为了能满足移动互联网的特点和业务模式需求,在移动互联网技术架构中要具有接入控制、内容适配、业务管控、资源调度、终端适配等功能,构建这样的架构需要从终端技术、承载网络技术、业务网络技术各方面综合考虑。

（一）业务应用层

提供给移动终端的互联网应用,这些应用中包括典型的互联网应用,比如网页浏览、在线视频、内容共享与下载、电子邮件等,也包括基于移动网络特有的应用,如定位服务、移动业务搜索以及移动通信业务,比如短信、彩信、铃音等。

（二）移动终端模块

从上至下包括终端软件架构和终端硬件架构。

终端软件架构：包括应用 APP、用户 UI、支持底层硬件的驱动、存储和多线程内核等。

终端硬件架构：包括终端中实现各种功能的部件。

（三）网络与业务模块

从上至下包括业务应用平台和公用接入网络。

业务应用平台：包括业务模块、管理与计费系统、安全评估系统等。

公共接入网络：包括接入网络、承载网络和核心网络等。

从移动互联网中端到端的应用角度出发，移动互联网的业务模型可分为五层。

移动终端：支持实现用户 UI、接入互联网，实现业务互操作。终端具有智能化和较强的处理能力，可以在应用平台和终端上进行更多的业务逻辑处理，尽量减少空中接口的数据信息传递压力。

移动网络：包括各种将移动终端接入无线核心网的设施，比如无线路由器、交换机、BSC、MSC 等。

网络接入：网络接入网关提供移动网络中的业务执行环境，识别上下行的业务信息、服务质量要求等，并可基于这些信息提供按业务、内容区分的资源控制和计费策略。网络接入网关根据业务的签约信息，动态进行网络资源调度，最大程度地满足业务的 QoS（Quality of Service）要求。

业务接入：业务接入网关向第三方应用开放移动网络能力 API 和业务生成环境，使互联网应用可以方便地调用移动网络开放的能力，提供具有移动网络特点的应用。同时，实现对业务接入移动网络的认证，实现对互联网内容的整合和适配，使内容更适合移动终端对其的识别和展示。

移动网络应用：提供各类移动通信、互联网以及移动互联网特有的服务。

四、移动互联网金融发展前景

（一）移动支付设备和平台的创新发展奠定了坚实基础

通过可穿戴移动设备的推出和应用，支付方式将更具多样化和便捷化，如声波支付、虹膜识别等先进技术将使金融变得无处不在，金融和个人之间的关系也将是如影随形。

（二）新产品和服务的探索应用注入了持续动力

信息技术以及移动互联网的飞速发展，让越来越多的企业、创业者进入移动互联网金融领域，伴生了更多产品和服务的创新推出。随着微信的普及，微信银行、微信理财、微信支付深受广大用户欢迎；社交化是移动互联网的重要特征，不但营销费用低，而且效果很好，各种金融产品和服务的不断创新，打破了传统金融格局的垄断局面，同时，也为移动互联网金融的发展注入了生机和活力。

第五节 物联网技术

传感器采集信息、通信传输、中心进行处理的架构是传统智能化的测控系统，而物联网是以实体世界的感知互动为目的，以社会属性体系架构为核心的全新综合信息系统，如果把传感器比作人的鼻子、眼睛、耳朵的话，神经是传输系统，大脑就是指控中心，传统的测控系统是把系统比作一个人，物联网则是由这些"人"组成的团队、社会，"他们"有协同、有分工、有组织地去完成实体世界的感知互动。测控系统能完成人为的一些简单的测控场合，比如工业自动化，只有物联网的社会属性架构的高自适应的体系，才能满足纷繁复杂的实体世界的感知互动的要求。

物联网是信息技术发展第三次产业浪潮的推动者。以 PC 为代表的信息处理推动信息产业进入第一次产业浪潮——智能化时代；移动通信、互联网为代表的信息处理推动信息产业业进入第三次产业浪潮——社会化时代。

物联网面向实体世界，对实体世界进行追踪历史、把控现在、预测未来，产业的本身。比如，物联网让传统智能安防监控从事后追踪变革为事前预警；让传统智能交通的红绿灯控制车流量变革成车流量控制红绿灯；让传统基于 RFID、条码、信息化被动管理变革成主动无遗漏环节监管等。物联网对传统产业的变革将远远超过互联网的影响。

物联网面向实体世界，改变的是实体企业本身，物联网对传统产业的变革将远远超过互联网的影响，那么物联网对互联网金融的影响也将是广泛和深远的。物联网以其全新的架构体系，正在催生一种全新的金融模式——物联网金融。

一、物联网概念

物联网通过传感器、射频识别技术、全球定位系统等技术，实时采集任何需要监控、连接、互动的物体或过程，采集其声、光、热、电、力学、化学、生物、位置等各种需要的信息，通过各类型的网络接入、实现物与物、物与人的链接，实现对物品和过程的智能化感知、识别和管理。在这个网络中，物品彼此进行"交流"，实现自动识别和信息的互联共享。

从技术的角度来说，物联网技术主要有四个层面。第一层是设备层，就是"物"的层面。此层面包含传感器、网关、终端硬件等。物联网的数据在这个层面从各种设备中被感知和产生。第二层是网络层。各种物理设备，通过各种方式进行组网，形成了物联网的初级形态。第三层是数据采集和分析层。数据在第三层中被集中采集到一个计算中心，通常是云计算平台，进行数据整理和计算而得到有用的分析结果，可以说第三层是物联网的灵魂。第四层是分析结果的展现和应用。这一层完成物联网结果的反馈和与其他系统的对接，给生产、生活带来实质帮助。以上四个层面组成了在各行各业实现物联网方案的基本技术框架。

物联网作为继计算机、互联网后信息产业革命的第三次浪潮，早已应用到社会生产经营的方方面面，更是对社会经济中枢的金融行业也将产生深远影响。金融物联网是指物联网技术在金融行业的全部应用。从一项或一组物联网技术对金融企业的内部管理支持和流程优化。到完整的物联网商业应用场景与金融企业具体业务的结合，再到多维度、全链条的智慧网络建设及数据应用推动的金融模式变革与创新，物联网技术在金融领域的应用不断深化，相关产业也呈现出强劲的发展势头。

金融机构利用以物联网为核心的信息技术，进行金融信用、杠杆，风险和服务的创新，从而将深刻变革银行、证券、保险、租赁、投资等众多金融领域的原有业务模式。

其中，物联网技术之于金融信用体系的创新，在于金融机构在物联网技术支撑下，重构其与监管部门、非金融企业、服务对象等相关参与者之间的新型信用体系；物联网技术之于金融资本杠杆的创新，在于金融机构通过构建物联网技术应用场景来引导更多的参与者投入实体经济，推动单一的金融资本杠杆向多样性的资本、技术等资源组合杠杆的转变；物联网技术之于金融风险管理的创新，在于金融机构，通过共享实体经济的物联网数据信息，实现智能客观的风险定价；物联网技术之于金融产品服务的创新，在于金融机构利用物联网技术实时地获取客观的市场需求，进而动态地调整金融服务，推动被动的融资服务向主动的融资融智服务转变。

金融物联网包含了物联网技术、金融服务以及实体经济的生产运营场景等基本要素，其中金融和物联网技术是金融物联网的两个核心要素，相辅相成，互为支持；而实体经济的生产运营场景则是金融物联网的现实载体，金融服务与物联网技术将在其中作为基础要素融入实体经济的商品或服务中。金融物联网构成的新型生产关系，因其高度的开放、协作以及全面地去中介化，使得有用、跨期价值交易的成本无限下降，产品服务边际成本趋近于零，业态边界也将趋于无穷大，可以扩张到所有的社会生活、生产和运营中，囊括所有的商业和非商业参与者。

二、物联网对金融的影响和作用

物联网和金融相互影响、渗透并不断进行跨界融合已经成为必然趋势。物联网对金融的最大价值是提供了对客户和交易进行客观观察的手段，金融机构可以利用物联网技术和信息通信技术，提高自己的风险识别和控制能力，并推动金融产品和服务创新，提供新型的支付、资金融通、投资、资产管理及信息中介等各种金融服务，扩大金融服务的广度和深度。

（一）有效解决交易信息不对称问题

随着物联网技术的突飞猛进，世界本身正在成为一种信息系统。物联网提供物与物、物与人的交互信息，通过对海量数据信息的存储、挖掘和深入分析，金融机构随时随地掌握"人"和"物"的形态、位置、空间、价值转换等信息，并且充分有效地交换和共享，从而有效克服信息不对称问题，为大到服务战略、小到业务决策提供全面、客观的依据。以汽车保险市场为例，由于保险人和投保人之间信息不对称，骗保时有发生。如果保险公司在投保车辆上安装物联网终端，对驾驶行为综合评判，则可以根据驾驶习惯的好坏确定保费水平。出现事故时，物联网终端实现远程勘查，实时告知保险公司肇事车辆的行为。保险员不到现场即可知道车辆是交通事故还是故意所为，不但解决了骗保问题，还可以快速赔付、提升赔付效率。

（二）促进信用体系更加客观化

物联网数据是通过底层传感器采集的实实在在的客观数据，它克服了互联网数据存在的社交数据多、交易数据少、采集方法主观因素多等问题。借助物联网技术，金融机构对于客户前端信息的主观调查被传感器实时采集的客观数据所代替，从而获得更加真实有效的数据。

以这些数据为基础的风控模式将从滞后的、基于主观的信用评价进化为实时的、基于客观数据的信用评价。此外，物联网还将促进信息化和维度大大提升，能够更加全面地反映企业和个人的自然属性和行为展性，提高信用体系的可常性。物联网对金融的革命性影响在于信用体系的夯实，未来甚至可能重塑社会信用体系。

（三）优化金融资源配置

物联网技术的进步将大大改善信息不对称，使金融机构能够以更加精细、动态的方式对信息流、物流和资金流进行"可视化管理"，在此基础上进行智能化决策和控制，合理引导资金流向和流量，促进资本集中并向高效率部门转移，从而达到优化资源配置的目的。

融合了物联网技术的金融服务，全过程电子化、网络化、实时化和自动化，能大大降低运营管理成本。此外，得益于"物联网＋大数据＋预测性算法＋自动化系统"，采集信息的边际成本近乎为零，服务长尾客户再无边界限制，金融服务将可以惠及更广泛的企业和人群。

（四）促进智慧金融的发展

智慧金融表现为金融机构可向客户提供与其日常生活内容紧密相关的洞察、建议、产品或服务，真正交付定制化体验。以金融支付为例，随着移动通信、互联网和近场通信技术的融合发展，利用指纹、虹膜、掌纹、掌静脉、声纹等进行个人身份鉴定的生物识别技术日趋成熟，传统密码支付将逐步被识别支付替代。物联网技术在支付中应用后，会感知消费者的周边环境和自身的状态，以确保支付者的资金安全、人身安全，还可通过透彻感知，将支付行为与企业运营状态、个人健康、家庭情况的动态变化相关联，这意味着，无论是面对个人或企业，金融机构不仅可以预测客户的需求，还能够根据客户不断变化的情况做出积极响应，及时提供相关的解决方案，助力客户实现目标，带来全新的智慧式金融体验。

三、金融物联网发展情况

随着信息化发展的推进，物联网产业进入飞速发展阶段，金融物联网应用方案逐步丰富，相应金融业务模式渐成体系。物联网技术与金融的结合，涉及银行、保险、融资租赁等多个业务方向，既有对这些机构内部运营管理的提升，也有金融模式的创新。

（一）物联网技术在金融企业内部运营管理的应用

目前，物联网在金融企业运营管理方面的应用从功能上主要可以分为两个维度。

1. 提高企业内部管理能力

物联网感知设备能够实时不间断地对物体状态信息进行反馈，对金融企业的安全防卫、突发事件反应、提升内部运营效率等提供了很好的帮助。例如，航大信息提供的 RFID 银行运钞箱管理系统采用远距离射频感应技术，通过安装在运钞箱的电子标签与安装在金库的读写器之间的射频通信，记录和管理运钞箱出入金库的业务流程，通过网点的手持便携设备，记录和管理各个营业网点的运钞箱，实现了银行运钞箱在金库与营业网点间的自动化管理，提高了银行运钞箱管理效率与安全性，提升了银行的综合竞争力。

另外，金融物联网还能提升金融企业内部重要资料的管理能力，比如部分银行和保险公司采取的档案盒电子标签，不但可以实现业务进度查询、处理意见读写和流程时效管理，还能为内部服务计价、风险追责等提供佐证。

2. 提升服务质量和客户体验

物联网信息的传送是建立在物与物之间，减少了人为的影响，对保障金融信息传输安全有很好的效果，例如，集成电路卡（IC 卡）、移动支付的兴起以及指纹、虹膜支付的逐步应用都是物联网技术在金融支付安全领域的应用体现。物联网不但保障信息传输的安全，还可以利用感知设备收集的真实数据集，延伸出更多的、特色化的应用形式，极大地提升金融企业的客户体验。例如，远程开卡机通过摄像等读取设备提高了客户开卡的效率；微软研发的金融产品信息桌通过物联网技术可以智能地向客户展示金融产品信息及提供更多金融服务资讯，客户甚至可以在信息桌上完成金融产品或服务的购买。

（二）物联网技术与供应链金融业务的结合

物联网技术在帮助不同产业优化升级的过程中，发展出来的管理功能和数据信息可以帮助金融企业优化风险管理、简化业务操作流程，并推动产品创新。RFID、智能视频、工业二维码等物联网技术能够对商品流转、仓储进行实时的识别、定位、跟踪、监控等系统化、智能化管理，使得金融机构能够从时间、空间两个维度全面感知和监控动产的存续状态和变化过程，有效地提升了供应链金融业务风险管理和操作效率。

1. 物联网在汽车供应链金融中的应用

在"车厂—供应商"供应链融资环节，引入了物联网传感系统和智能监管系统，开创了物联网技术下"智能监管库存融资"模式，实现了技术监管对人工现场监管的优化升级、银行信贷业务模式的重塑和优化，极大地降低了人力成本和道德风险，并为银行风险管理提供了强劲的大数据支撑。

2. 大宗商品动产融资

银行与大型港口、公共仓库等仓储物流企业建立战略合作，采用智能仓储监管方案，对钢铁、有色、石油、化工等大宗商品仓库进行物联网改造升级，实现对动产融资业务项下抵质押物的实时动态监管，赋予动产以不动产的属性，囊括静态仓储和动态物流中的大宗商品，真正激活交易商品的金融属性。

3. 交易见证及配套金融服务

伴随商品交易线上化的全面普及，贸易真实性问题成为限制交易配套金融服务发展的主要因素。电子交易平台、仓储物流企业、金融机构等应用物联网技术将线上信息化交易过程与线下商品实物的交割连接在一起，使得商品交易、实物交割与金融机构的资金监管、支付清算等服务匹配，达到交易信息流、物流和资金流的统一。

4. 仓单认证、交易及配套金融服务

仓单的交易及融资由于近年来的虚假仓单、重复质押及监管过失等问题陷入了发展困境，频发的风险事件影响行业信用体系的同时，也影响了商品交易的活跃度，交易市场、交割仓库、期货公司及银行等应用物联网技术将大宗商品实物与电子仓单绑定，使得仓单信息能根据实物的物理变动、权属变化等进行实时调整，并用套期保值交易锁定仓单价值，进而实现大宗商品实物交易及融资的单证化和线上化。

目前已有多家机构在进行仓单物联网化的研究和推动工作，其中有仓储机构、有大宗商品核心厂商，也有一些其他第三方机构，都致力于通过互联网、物联网及大数据等新兴技术，对仓单及其项下货物的相关信息进行动态、持续、统一的登记公示，逐步形成了集仓单认证、仓单征信、仓单保险，仓单交易及投融资于一体的仓单服务方案。

第三章 开放经济条件下的金融政策

第一节 开放经济条件下的政策目标

在封闭经济条件下，一国宏观经济政策的目标是维持物价稳定并促进经济增长，在开放经济条件下，政府对经济进行调控的主要任务是内部均衡和外部均衡。同时，政府如何利用政策工具对经济进行调控这一问题，由于经济的开放性而变得更为复杂。在开放经济条件下，内部均衡和外部均衡的主要表现形式是什么？如何解决这两个目标之间可能存在的冲突和矛盾？如何搭配使用各种政策来解决内外均衡目标之间的冲突？这些问题都是开放经济条件下宏观经济管理当局面临的重大课题。

一、开放经济条件下的政策目标

一般而言，开放经济条件下，一国宏观经济政策目标包括内部均衡和外部均衡两个方面，具体包括经济增长、充分就业、物价稳定和国际收支平衡。其中，经济增长是一个长期目标，而充分就业、物价稳定和国际收支平衡则是三个短期目标，这些是一国或地区关心的内外均衡目标。

（一）内部均衡目标

一国或地区经济的内部均衡目标主要包括：经济增长、充分就业和物价稳定。内部均衡即国民经济处于经济增长、充分就业和物价稳定的状态。

1. 经济增长

经济增长是指在一定时期内一国或地区国内生产总值的增长率。通常采用一国或地区生产总值（GDP）的年增长率作为衡量指标。

2. 充分就业

广义的充分就业是指一切生产要素（包含劳动）都有机会以自己愿意

的报酬参加生产的状态。但是，由于在实际中测量各种经济资源的就业程度非常困难，因而各国大都以失业率高低作为衡量就业状态的指标。失业率是指失业者人数与劳动力人数的比率。失业者是指那些想工作但尚未找到工作的人。狭义的充分就业是这样一种经济状态，即经济中的"非自愿失业"完全消失，失业仅限于摩擦失业和自愿失业。摩擦失业是指生产过程中由于难以避免的摩擦所造成的短期性和局部性失业，自愿失业是指个人不愿接受现行工资水平而形成的失业。根据著名的奥肯定律，地区生产总值每增加3%，失业率大约下降1%。可见，经济增长和失业二者之间具有强相关关系，失业的成本是巨大的。因此，降低失业率，实现充分就业就常常成为各国宏观经济政策的首要目标。

3. 物价稳定或价格稳定

价格稳定是一个宏观的概念，指价格总水平的稳定。由于在经济生活中各种商品价格变化的情况复杂造成统计上的困难，一般用价格指数来表示一般价格水平的变化。价格指数是表示若干种商品价格水平的指数，目前使用较多的为消费物价指数（CPI）、批发物价指数（PPI）和地区生产总值缩减指数（GDP deflator）三种。价格稳定之所以成为内部均衡目标，主要在于无论是通货膨胀还是通货紧缩都对经济具有破坏作用。

以上三种内部均衡目标之间是存在矛盾的。一般而言，经济增长往往伴随着通货膨胀，而低通货膨胀或通货紧缩又常常导致高失业率。在封闭经济条件下，政府宏观调控的主要任务就是协调这三者之间的矛盾。

（二）外部均衡目标

外部均衡，即与一个国家宏观经济相适应的国际收支达到平衡。在开放经济条件下，一个国家经济与外界密切相关，具体表现在国际收支平衡及汇率变动对经济增长、充分就业和价格稳定等内部宏观经济目标的影响上。因此，保持国际收支平衡就成为各国追求的外部均衡目标。

1. 国际收支平衡

当一个国家国际收支处于逆差时，首先会引起本币币值下降。若该国政府不愿接受本币币值下降的后果，则必须动用外汇储备，对外汇市场的供求现状进行干预。这既会耗费外汇储备，又会引起货币供应的缩减，从而导致本国利率水平上升，国内消费和投资减少，使得增长速度减缓且失业率上升。如果该国的逆差是因出口不足以弥补进口而出现的长期性赤字，则意味着本国对国外商品存在净需求，这使得国内生产下降，失业增加。若逆差的原因是因为资本的净流出，则国内资金供给减少，利率上升，结果必然影响到国内商品市场的需求。当一个国家国际收支长期出现顺差，也会给国内经济带来不良影响，引起国际摩擦。而且，一个国家的国际收支顺差会给本币带来升值的压力。相比之下，逆差所造成的影响更为严重。因此，各国政府对国际收支逆差时的调节措施尤为重视。

2. 汇率稳定

在当今各国大都实行浮动汇率的情况下，汇率是连接国内外市场的重要纽带。汇率变化表现为货币的贬值或升值。一方面汇率变化受制于一系列因素；另一方面，汇率的变动又会对其他经济因素产生影响。总的来说，不论是贬值还是升值，汇率在一定幅度内的变化是正常的，但若汇率出现大幅度的剧烈波动，必然增大外汇汇率风险和金融风险。

（三）内部均衡和外部均衡之间的关系

内部均衡与外部均衡之间的关系表现为相互协调和相互冲突。作为开放经济的主要政策目标，内部均衡与外部均衡之间是相互作用和相互影响的，它们之间存在着非常复杂的关系。当一个国家采取宏观政策调节措施努力实现某一均衡目标时，这一调节措施很可能会同时造成开放经济另一均衡问题的改善，也有可能会对另一均衡问题造成干扰或破坏。一般地，将前者称为"内部均衡和外部均衡的相互协调"，后者则被称为"内部均衡和外部均衡的相互冲突"。经济外部一旦出现失衡，它会通过经济系统本身的自动调节机制对内部均衡产生影响，然后再反过来影响外部使之趋向均衡；反之亦然。实践中，政策调整方向的选择和力度的确定取决于当前经济的内外部均衡状况。政策调整的力度则取决于经济内、外部失衡的程度，如若外部失衡严重，则汇率政策的力度相对大一些。

内外均衡常见的几种情形是：①国内经济和国际收支都不均衡；②国内经济均衡，但国际收支处于逆差或顺差失衡；③国内经济和国际收支都实现了均衡，但国内均衡不是理想的状态，如非充分就业均衡。从宏观经济管理角度看，上述三种情形都需要进行调整，以实现理想的均衡状态。

二、开放经济条件下的宏观经济政策工具

为了实现内部均衡和外部均衡这两个目标，一个国家政府可供选择的政策工具有需求调节政策、供给调节政策和融资政策。其中，需求调节政策包括以下三个方面：①支出调整政策，又称为支出增减政策，此即通常所谓需求管理政策，包括旨在影响经济中总需求水平的财政和货币政策。②支出转换政策，其意图是改变支出的结构，如汇率贬值的目的是改变购买本国商品的支出和购买外国商品的支出在总支出中所占的比重。③直接管制政策。

（一）需求调节政策

1. 支出增减政策

支出增减政策是指改变社会总需求或国民经济中支出总水平的政策，这类政策旨在通过改变社会总需求或总支出水平，来改变对外国商品、劳务和金融资产的需求，达到调节国际收支的目的。这类政策主要包括财政和货币政策。

财政政策主要指改变政府支出和税收的政策。如政府开支增加，或税收减少，则一个国家实行的扩张性财政政策。这会通过乘数效应促使国内产出和收入增长，并导致进口增加。如果政府开支减少，或者税收增加，则称为紧缩性财政政策，这会导致国内产出和收入水平下降，并导致进口下降。

货币政策主要通过改变一个国家的货币供给并影响利率来发挥作用。如果货币供给增加，利率下降，则货币政策就是松的或者是扩张型的，这会导致投资水平和国民收入水平提高，并使进口增加。同时，利率降低会导致国际短期资本外流。同样地，紧缩性货币政策是指一国货币供给减少及利率上升。这会导致投资下降、国民收入和进口水平下降，同时导致国际短期资本流入增加。

2. 支出转换政策

支出转换政策主要是指汇率政策，政府通过改变汇率，使支出由国内商品转移到进口商品上，或者由进口商品转移到国内商品上，以维持或达到国际收支平衡。比如说，本币贬值会使对国外商品的开支转移到国内商品上，这导致进口减少，因此会改善国际收支。但同时它也会导致国内产出增加，而产出增加会引起进口上升，从而抵消部分国际收支的改善。本币升值会使对国内商品的开支转移到国外商品上，从而会减少一国国际收支盈余。但同

时也会减少国内产出从而导致进口下降，这又会部分抵消币值上升的结果。

3. 直接管制政策

直接管制政策包括关税、配额、外汇管制、进口许可证以及其他限制国际贸易和国际资本流动的措施，这些措施本质上也属于支出转换政策。但不同之处在于，直接管制政策是针对特定的国际收支项目的，而汇率政策是一种同时作用于所有项目的普遍性控制（general control），具体来说，汇率和关税政策是通过改变进口商品和进口替代品的相对价格来达到支出转换的目的的，而直接管制则是通过改变进口品和进口替代品的相对可获得性来达到支出转换目的的。在国际贸易和国际资本流动日益自由化的今天，直接管制是不被提倡的一种政策工具，因而支出增减政策和支出转换政策是实现经济内外均衡的最常用的手段。

（二）供给调节政策

从供给角度讲，调节国际收支的政策有产业政策和科技政策。产业政策和科技政策旨在改善一个国家的经济结构和产业结构、增加出口商品和劳务的生产、提高产品质量、降低生产成本，以此达到增加社会产品（包括出口产品和进口替代品）的供给、改善国际收支的目的。供给政策的特点是长期性，在短期内难以有显著的效果，但它可以从根本上提高一个国家的经济实力与科技水平，从而为实现内外均衡创造条件。

1. 产业政策

产业政策的核心在于优化产业结构，根据国际市场的变化制定出正确的产业结构规划，一方面鼓励发展和扩大一部分产业，另一方面对一些产业部门进行调整、限制，乃至于取消。政府实施产业政策的重要目的，在于克服资源在各产业部门间流动的障碍，使本国产业结构的变动能适应世界市场的情况，从而达到减少乃至消除结构型的国际收支失衡。

2. 科技政策

科技是第一生产力，现代各国之间的经济竞争越来越体现为科技水平的竞争，发挥知识在经济增长中的核心作用已成为各国的共识。

3. 制度创新政策

制度创新政策主要表现为企业制度改革，包括企业创立时的投资制度改革、企业产权制度改革，以及与此相适应的企业管理体制改革，富有活力的、具有较高竞争力的微观经济主体始终是实现内外均衡目标的基础。

（三）资金融通政策

资金融通政策，简称融资政策，包括官方储备的使用和国际信贷便利的使用。从一个国家宏观调控角度看，它主要体现为国际储备政策。对外部均衡调控的首要问题是"融资还是调整"。如果国际收支失衡是由临时性的、短期的冲击引起的，就可以用融资方法弥补，避免调整的痛苦；如果是中长期因素导致的，那么就势必要运用其他政策进行调整。可见，融资政策与调节社会总需求的支出政策之间具有一定的互补性与替代性。比如，当国际收支发生逆差时，一个国家政府既可以采取支出型政策来加以调节，也可以采用融资的办法或者两者相结合的办法来加以调节。在逆差额既定的情况下，较多使用资金融通；反之，便可较少使用资金融通。总之，融资政策是在短期内利用资金融通的方式来弥补国际收支赤字，以实现经济稳定一种政策。

第二节 开放经济条件下的宏观经济政策

一、固定汇率制度下的财政政策

（一）资本完全流动下财政政策

资本完全流动，同时又采用固定汇率制度，那么"不可能三角"意味着，货币政策是不独立的。而资本完全流动时曲线对利率就存在无限弹性，即任意微小的利率变动都会引起资本的大规模流入或流出。特别是，本国利率水平略高于国外利率，资本就会大规模流入；若略低于国外利率，资本就会大规模流出。

与封闭经济下的扩张性财政政策效果比较，我们发现在固定汇率制度和资本完全流动下，开放经济的扩张性财政政策的效果要更好，这与挤出效应有关。在封闭经济下，财政政策存在挤出效应。财政支出增加提高收入的同时，通过货币市场提高了利率，而利率的上升抑制了居民和企业对产品的需求，尤其是企业的投资需求。而在开放经济下，资本的完全流动抑制了利率的上升，使得财政政策的挤出效应消失，所以财政政策的效果更大。

（二）资本不完全流动下财政政策

当资本完全不流动时，国际收支中就只有经常账户，金融账户恒等于零。

在固定汇率制度和资本完全不流动下，国际收支是否均衡取决于收入水平。如果收入水平较高，国际收支将出现赤字；收入较低，国际收支出现盈余。因此，只有收入水平在一定值时，国际收支才能保持平衡。

再次实现产品市场、货币市场和国际收支同时均衡时，利率水平已经不再是前面的数值了。由于持续的国际收支赤字，本国货币供给已经增加。因此，在固定汇率制度和资本完全不流动下，更高的财政支出对应的是更多的货币发行和更高的利率等名义变量。而财政支出的增加并没有改变经济中的实际变量。因此，总量上，财政政策失效。在结构上，财政政策的挤出效应发挥到极致。

需要说明的一点是，在资本完全不流动下，国际收支的变动相对是比较缓慢的。这是资本流动速度和产品贸易流动速度的差异引起的。在扩张的财政政策下，国内收入的上升尽管会表现在进口需求上，但是由于存在各种黏性，比如寻找新的进口货源、签订更加大规模的进口合同，以及贸易运输等因素的存在，进口不会立即增加。所以，在财政支出增加的短期内，国际收支没有立即出现赤字。那么货币紧缩在短期内就不会出现。因此，在资本完全不流动和固定汇率制度下，扩张性的财政政策在短期内仍然能够刺激经济的发展。但是，长期中，经常账户逆差带来的紧缩性货币政策将抵消扩张性财政政策的效果。

（三）资本不完全流动下财政政策的作用

上述分析表明，固定汇率制度下，财政政策的效果受到资本流动的影响，如果资本完全流动，财政政策效果非常明显，然而资本完全不流动时，财政政策完全没有效果。因此，可以预期在资本不完全流动下，财政政策的效果介于上述两种极端情形。

资本不完全流动情况下，仍然可以分两种情形进行分析。考虑资本流动对利率的敏感性，可以将资本流动程度分成两类：资本流动程度较高和资本流动程度较低。

1. 资本流动程度较高下财政政策的作用

与封闭经济比较，固定汇率制度和资本流动程度较高时，财政政策的效果要大于封闭经济。这是资本流动带来的。因为资本流动的存在减弱了财政政策的挤出效应。挤出效应需通过利率变化来实现，而较大程度的资本流动的存在使得利率变动幅度下降，从而减弱了挤出效应。另外，与资本完全流动比较，资本流动程度较高时的财政政策效果相对较小。这是因为，资本不完全流动下，本国的利率水平仍然受到财政政策的影响。财政政策挤出效应的部分发挥降低了其效果。

2. 资本流动程度较低下财政政策的作用

与封闭经济比较，资本流动程度较低时，扩张性的财政政策的效果要低于封闭经济。其原因是，扩张性的财政政策推动利率和收入上升的同时，使得国际收支产生了赤字。因为收入上升会提高进口，从而使得经常账户出现赤字。资本流动的利率弹性过低，利率的上升不足以吸引足够的资本流入来弥补经常账户的赤字。因此，出现国际收支赤字。赤字使得货币政策被动地收紧，货币供给下降。这就产生了一种紧缩效果。这种紧缩效果部分抵消了财政政策的作用。正如分析资本完全不流动的情形，如果资本流动被完全禁止，那么货币的这种紧缩效果被放大，完全抵消了财政政策的扩张效果。

二、固定汇率制度下的货币政策

在固定汇率制度下，货币政策的效果也受到资本流动程度的影响。这是"不可能三角"决定的。"不可能三角"表明，固定汇率制度下，货币政策独立性和资本自由流动两者不可能同时成立，只能选择其一。因此，在资本完全流动下，货币政策独立性消失，货币政策失效；在资本完全不流动下，货币政策独立，因此货币政策仍然能起到干预经济的作用。另外，当资本流动程度不完全的时候，货币政策的独立性也处于受限制状态。因此，货币政策效果的大小取决于资本流动程度的高低。下面通过具体的图形分析讨论以上观点。

（一）资本完全流动下货币政策的作用

固定汇率制度和资本完全流动下，货币政策失效。原因是货币供给成为一个内生变量，不能被货币当局独立控制。下面以一次扩张性货币政策的效果为例分析货币政策效果。货币政策完全失去效果。在资本完全流动下，货币供给变成了一个内生变量，不再受货币政策的控制。

（二）资本完全不流动下货币政策的作用

根据"不可能三角"固定汇率制度和资本完全不流动下，货币政策具有独立性。但是，我们还可以发现一个有趣的效果，这种货币政策的独立性仅仅在短期内生效,长期中货币政策仍然不起作用。由于资本不流动,利率的下降不会产生本国资本的外流,因此,经济中不存在一种迅速的力量限制货币政策作用的发挥。

然而,我们发现,货币政策的作用对贸易活动产生了影响。扩张性的货币政策带来收入上升和利率下降使得本国的进口需求上升,从而经常账户出现赤字。这种赤字会改变外汇市场,对本币产生贬值压力。为了稳定汇率水平,货币当局需出售外汇,回收本币。长期来看,在固定汇率制度和资本完全不流动下,货币政策也无效。但是,我们看到,在货币政策效果逐渐消失的过程中,收入水平一直高于初始的收入水平,即扩张性货币政策在短期有效,而货币政策短期的效果大小取决于贸易调整速度的快慢。

(三)资本不完全流动下货币政策的作用

在资本不完全流动下,货币政策的效果和持续性受到资本流动程度的影响。由于资本存在一定程度的流动性,利率的下降就会使本国资本发生流出,流出的规模由资本流动对利率的敏感性决定。如果资本流动对利率敏感性很高,那么扩张性货币政策会立即引起大规模的资本流出,从而在外汇市场上,货币当局在短期内就将面临大规模的收回货币的要求。从而,货币供给增加被外汇市场的回收货币快速抵消曲线也将快速向初始位置回移。因此,当资本流动对利率弹性较高时,货币政策的效果就较低,但是,与资本完全流动相比,货币政策在比较短暂的时间还是对经济产生了效果。

三、浮动汇率制度下的财政政策

同样的宏观经济政策在不同汇率制度下的效果存在非常大的差别。在资本自由流动条件下,与固定汇率制度下相反,浮动汇率制度下的财政政策将完全失效,而货币政策将变得有效。产生这种差别的主要原因是汇率对贸易的影响。固定汇率制度下,贸易商品的相对价格无法改变,从而支出转换效应不起作用;而在浮动汇率制度下,汇率的变化直接改变贸易商品的相对价格,支出转换效应得到发挥,从而改变贸易状况。这是产生政策效果差异的关键。浮动汇率制度下的财政政策的效果,分资本完全流动、资本完全不流动和资本不完全流动三种情形。

(一)资本完全流动下财政政策的作用

浮动汇率制度和资本完全流动下,财政政策的效果将被汇率变动和资本流动完全抵消。收入上升带来的货币需求增加将拉动利率提高。然而，利率的上升将吸引资本流入，由于资本完全流动，利率的微小变化，都会带来大规模的资本内流。这种资本流入改变了外汇市场的供求。由于汇率可以浮动，外汇供大于求的局面，使得外汇贬值，本币升值。

本币汇率变化的直接效果就是支出转换效应。本币升值使得进口需求下降，出口需求上升。如果马歇尔—勒纳条件成立，那么净出口出现下降。在浮动汇率和资本完全流动下，财政政策完全失去了调控经济的效果。尽管财政活动无法拉动国内产出和收入的上升，但是它的一个直接结果是改变了国内的经济结构。扩张性的财政政策提高了汇率水平，并挤出了出口。

（二）资本完全不流动下财政政策的作用

浮动汇率制度，同时又是资本完全不流动的情况在实际中其实极少发生。一般来说，实行浮动汇率制度的国家，资本开放程度都比较高。而资本流动程度低，或者资本流动受管制的国家，很少采用浮动汇率制度，更多地采用固定汇率制度、钉住汇率制度或者是有管理的浮动汇率制度。但是，从理论上来说，确实可以既实现浮动汇率，又进行资本管制，为了理论的完整性，我们简要分析这种情形下财政政策的作用。

（三）资本不完全流动下的财政政策

1.资本流动程度较高下财政政策

资本流动程度较高时，财政政策变动引起的利率变化将对汇率产生明显的作用。这种汇率的调整会抵消财政政策的效果。利率的上升将吸引资本流入，在马歇尔—勒纳条件成立下，本币的升值带来贸易逆差。但是，资本流动程度较高，资本流入的效果要大于贸易逆差，结果使得外汇市场上外汇供大于求，本币升值。

因此，我们看到，在资本流动程度较高时，财政政策的效果要被部分抵消，不再显得十分有效。并且我们还可以发现，如果资本流动程度提高，财政政策的效果就更加低。

2.资本流动程度较低时财政政策的作用

在资本流动程度较低时，财政政策效果正好与资本流动程度较高时相反，会得到一定程度的加强。

第三节 外汇管制与货币自由兑换

一、外汇管制

（一）外汇管制概述

1.外汇管制的基本概念

外汇管制又称外汇管理，是指一个国家或地区的政府为改善国际收支，维持本国币值，授权货币当局或其他机构对外汇的收支、买卖、借贷、转移以及国际结算、外汇汇率和外汇市场等实行的管制行为。

具体而言，外汇管制从管制手段上来说，外汇管理当局可以通过法律、法规或制度和政策等来实行外汇管制。从管制对象上来说，外汇管理当局可以按人、物、地区进行管制。其中，"人"包括所有参与外汇活动的自然人与法人；"物"即指外汇及外汇有价物；对地区进行管制则包括对一国境内的不同地区实行不同外汇管制措施，以及同一货币区对内与对外实行不同外汇管制措施。从管制范围上来说，包括对贸易外汇的收支、非贸易外汇的收支、资本流动、银行账存款和汇率等方面的管制。从管制方法上来说，外汇管制可划分为直接管制和间接管制。其中直接外汇管制是指国家外汇管理当局对外汇买卖和汇率等进行直接的干预，又可分为数量管制和行政管制。间接外汇管制是指国家外汇管理通过控制外汇的交易价格来进行管制，其实质是实行不同形式的复汇率制。

一个国家政府是否实行外汇管制政策，或实行怎样的外汇管制政策，将直接影响到货币自由兑换的程度，进而影响到国际商品与国际资本的自由流动程度。实行宽松的外汇管制政策，本国货币和外币兑换所受限制较少，货币可自由兑换程度高，从而境外的外汇买卖、国际结算、国际投资等金融活动所受约束较小：反之，所受约束较大。

2.外汇管制的类型

根据管制内容和程度不同，可以将实行外汇管制的国家分为三种类型。

（1）实行严格外汇管制

这类国家对经常账户和资本与金融账户都实行严格的管制。属于这种类型的国家一般经济都比较落后、外汇短缺。对经常账户的管制，如奖出限入等，以及对资本与金融账户的管制，如限制个人或企业自由输出入外汇资金等，都有助于增加本国的外汇储备，保证国家对外汇的使用。但近年来，随着经济开放程度的增加以及贸易集团化的趋势，许多国家都放松了对贸易外汇收支的管制，也鼓励企业进行对外投资，以带动出口增长。

（2）实行部分外汇管制

这类国家原则上对经常账户不实行管制，对资本与金融账户实行管制。实行部分外汇管制的国家主要是为了保证对资本项目的收付进行管制，以保证国内资本金融市场的稳定性。

（3）不实行外汇管制的国家或地区

这类国家对经常账户和资本与金融账户原则上不实行直接管制。但事实上，由于某些特殊原因，这些国家也可能会通过各种变相方式对外汇进行间接管制。

（二）外汇管制的主要内容

虽然世界各国所实行的外汇管制政策各不相同，但从总体上来说，各国对外汇管制的主要内容大体包括三个方面。

1. 对外汇资金收入与运用的管制

（1）对贸易外汇的管制

贸易外汇收支在一个国家的国际收支平衡表中占据主要地位，对一国国际收支状况起着决定性的作用。因此，各国一般都对贸易外汇的管制格外重视，以便集中出口外汇收入，限制进口外汇支出。对贸易外汇的管制包括进出口两方面，管制的原则是"奖出限入"。

首先要对出口外汇收入进行管制。对出口外汇的管制即指对出口，商品的用汇进行限制，以鼓励本国商品的出口，保证进口所需外汇，维持国际收支平衡。

一个国家外汇管理当局实行的对出口外汇收入的管制措施包括限制性措施和鼓励性措施。前者包括发放出口许可证、强制结汇等。出口商必须向外汇管理机构申报出口商品的价格、金额、支付方式、期限等，以方便对其收汇情况的监督和检查。出口商收到的全部或部分外汇需按官方汇率结售给指定的银行，防止出口商逃汇或隐匿出口收入等。后者包括出口优惠信贷、出口补贴、出口退税、以优惠利率贴现出口商的汇票等措施。这些鼓励性措施的目的一般是为了降低出口成本，增加出口产品的竞争力，提高出口创汇能力。

其次要对进口外汇支出进行管制。对进口外汇支出的管制即指对进口商品用汇进行限制，以限制与本国生产相竞争产品的进口，保护本国工业。一国外汇管理当局对进口外汇进行限制可采取的方法主要包括：发放进口许可证、审批购汇程序、征收外汇购买税等行政管制措施，实行进口配额制度等数量管制措施。

（2）对非贸易外汇的管制

非贸易外汇是指除了贸易和资本输出入以外的外汇收支，包括与贸易收支有关的运输费、保险费，与资本输出入有关的股利、股息，专利费、技术劳务费，版权费、留学生费用以及旅游费用等。对非贸易外汇的管制措施主要包括许可证制度、结售汇制度、限额制度、登记制度、预付存款制度、特别批准制度、规定购买非贸易外汇的间隔时间等。

（3）对资本输出和输入的管制

资本的输出和输入对一个国家国际收支有直接影响，因此各国都非常重视对资本输出和输入的管理。但由于各国国际收支状况、地位的不同，其对资本输出和输入管制的程度和具体方式也不同。

目前，由于经济全球化进程中经济不确定性的增加，各国普遍意识到对资本输出和输入的管理是外汇管制工作的重点，纷纷加强了对资本流动，特别是短期投机性资金流动的监控。

2. 对黄金、现钞输出和输入的管制

实行外汇管制的国家一般都禁止黄金自由输出和输入，特别是禁止黄金的私人输出。对现钞的管制主要指对本币现钞输出和输入的管制。本币现钞的输出一方面会引起资本外逃，并影响外汇市场上本币的供求关系，引起本币贬值；另一方面也会导致进口增加，影响该国对进口贸易的控制能力。因此，实行外汇管制的国家一般也都规定了本币输出的最高限额，对本国现钞输入的管制则较宽松。

3. 对汇率的管制

相对于对外汇资金收入与运用的管制，汇率管制实质上是一种价格管制，它包括对汇率制度、汇率水平以及汇率种类的管制。

（1）汇率制度管制

汇率制度管制是指在采用浮动汇率、固定汇率以及介于两者之间的汇率制度上所实行的管制。汇率制度可分为无独立法定货币的汇率安排，主要有美元化汇率和货币联盟汇率、货币局汇率、传统的钉住汇率、有波幅的钉住汇率、爬行钉住汇率、有波幅的爬行钉住汇率、管理浮动汇率和完全浮动汇率九种。完全的浮动汇率制度和完全固定汇率制度是两种极端汇率制度，在现实世界中很少见。

（2）汇率水平管制

汇率水平管制是指在既定汇率制度下，对本币与外币的汇兑比进行的管制，包括直接和间接汇率水平管制。直接汇率水平管制是指由外汇管理当局直接制定、调整和公布汇率，使其符合官方政策，直接服务于本国对宏观经济管理的需要。间接汇率水平管制是指外汇管理当局不直接干预汇率，而是通过中央银行在外汇市场上的买卖来间接地达到调节外汇供求、稳定汇率的效果。

（3）汇率种类管制

汇率种类管制是指对实行单一汇率制、双重汇率制和多重汇率制的管制。一般而言，实行外汇管制的国家在汇率种类管制上一般都通过实行复汇率制实现。而在实行单一汇率制又有外汇管制的国家，除了官方外汇市场和官方汇率以外，必然存在着自由外汇市场（常常为非法的黑市），这形成了事实上但与通常所说不同的复汇率状况。

所谓复汇率制，是指一国货币对另一国货币实行两种或两种以上比价的制度。双重汇率制和多重汇率制均属于复汇率制。复汇率制是建立在对货币兑换管制的基础之上的，而对货币兑换的管制包括对货币兑换数量和货币兑换价格的限制。复汇率制按其表现形式包括公开和隐蔽的两种形式。公开的复汇率制指外汇管理当局明确公布对不同的交易实行法定的差别汇率，例如针对经常账户和资本与金融账户的交易分别制定、公布贸易汇率和金融汇率。外汇管理当局制定差别汇率的原则是对需要鼓励的交易制定优惠汇率（如进口技术含量较高的产品时，进口商可使用较低汇率），对需抑制的交易制定不利的汇率（如进口奢侈品时，进口商需按照较高的汇率进行交易）。

不同国家所实行的差别汇率种类有较大差异。隐蔽的复汇率制主要包括补贴或征税、影子汇率、外汇转移证制度等形式。

二、货币自由兑换

（一）货币自由兑换概述

1. 货币自由兑换的基本概念

所谓货币自由兑换，是指居民与非居民能够自由将其所持有的本国货币兑换为任何其他货币，并且这些货币现金和其他形式的金融资产流出或流入国境时不受限制，即一个国家的货币当局对该国居民货币兑换不做限制。

2. 货币自由兑换的层次

货币自由兑换通常有三个层次：内部可兑换、局部兑换和完全兑换。

内部可兑换，即国内自由兑换，是指一个国家居民可以在国内取得和保持以外币计值的某些资产，如外币现金和银行存款。货币的国内自由兑换并不等于允许居民对外支付或者保持境外资产。但在现实经济生活中，一旦允许购买和持有外汇，就很难防止与对外支付有关的货币兑换。因此，一个国家在实现国内自由兑换时，常会以限制性关税或配额的形式对经常项目下的支付活动进行控制。

局部兑换是指一个国家允许一部分项目交易中本币和外币自由兑换，通常是经常账户下的自由兑换。凡一个国家实现对经常项目性的国际支付和转移不加限制，不实行歧视性的货币安排及复汇率制度，承诺任何时候将他国持有的本国货币，用黄金或硬通货兑换，即被称为"第八条款国"，该国货币被认为是经常账户项下可自由兑换货币，也就是实现了局部兑换。

完全兑换是指一个国家货币不仅能在经常项目下自由兑换，在资本项目下也实现了自由兑换。这表现为：居民可以通过经常账户和资本与金融账户交易获得外汇，居民在经常账户和资本账户下交易所需的外汇可自由在外汇市场购买，居民可自由将本币兑换成外币以在国外持有或满足资本性需求，居民所得的外汇可在外汇市场上出售给银行或在国内和国外持有资本在境内外自由流动。

（二）实现完全货币自由兑换的条件

鉴于完全的货币自由兑换可能带来的风险和负面影响，在条件未具备时，一国过快过早地实现货币自由兑换将可能造成严重后果，尤其对发展中同家更是如此。一般来说，一国要成功实现完全货币自由兑换应具备以下几项条件。

1. 健康的宏观经济环境

货币自由兑换后，商品和资本的跨国流动会对宏观经济形成各种形式的冲击，这要求宏观经济不仅在自由兑换前保持稳定，而且要具有自由兑换后对各种冲击及时进行调整的能力。健康的宏观经济环境包括稳健的宏观经济政策、有效的宏观调节体系和合理的产业机构与就业水平。

经济政策是宏观调控的重要工具，主要是财政政策与货币政策。如果经济政策实施不当，因此造成严重的国际收支不平衡，就会扰乱国内经济的稳定与发展，很可能引发通货膨胀，加剧国际收支恶化。

有效的宏观调节体系，要求政府在丰富的宏观调控实践经验下，能够运用各种宏观政策工具切实地达到宏观调控目标。在财政政策方面，要求政府财政收支状况良好，政府可根据经济需要及时调整；在货币政策方面，要求货币政策有较大的独立性，尤其对财政赤字的融资不应成为实施有效货币政策的牵制。

2. 健全的市场价格机制

这要求市场能够真实充分地反映各要素、原料和产品的供求情况，不存在成本扭曲，能对市场上各种因素的变动做出灵敏、及时的变化，价格形成机制完善，国家干预少。而对资本市场而言，最基本的要求就是消除价格扭曲存在的体制性因素，从而使利率能够正确反映资金的市场价格。

3. 完善的国内金融市场

一个国家是否具有完善的金融市场尤其外汇市场，是货币能否实现自由兑换的一个重要前提。日臻完善的金融市场是提高宏观经济调控效率的必要保证，尤其是发达的货币市场和外汇市场，更是货币调控和汇率管理所必需。如中央银行进行公开市场业务，改变货币供应量，或进行外汇干预，并在外汇干预后实行"冲销操作"以抵消储备资产变动对本币的影响，都离不开货币市场和外汇市场的操作。完善的金融市场具体包括健全的金融市场体系、齐全的市场运作工具、良好的市场参与者等。

4. 高效的微观企业主体

高效的微观经济运行有助于企业应对国际市场的价格变动对本国经济

的影响。加强企业的国际竞争力，一方面要求国内价格体系基本与国际市场接轨，另一方面要加快转变企业自身的经营机制，以期能够根据市场价格的变动迅速调整自身的生产、营销策略等。

5. 完善的金融监管体系

完善的金融监管体系是实现金融稳定的必备条件。如果金融监管不力，放任国际资本的自由进出，热钱和资本外逃对本国实体经济的健康发展的打击可能会成倍扩大。作为一国经济的命脉，宏观金融的稳定和健康发展至关重要。

6. 灵活的汇率调节机制

事实上，浮动汇率和固定汇率下都可以实现完全货币自由兑换。面临更加激烈的国际竞争环境，汇率水平能及时、必要地做出调整是至关重要的。

7. 充足的国际清偿手段

国际清偿手段包括一个国家的黄金外汇储备和在国际金融市场紧急筹措资金的能力，在某些情况下还包括境内私人持有的外币和以外币计值的资产。国际清偿手段不足，就容易受国际收支周期性变化的影响，难以为国内生产者和投资者提供一个稳定的宏观经济环境，从而刺激人们对货币的投机性行为。只有拥有充足的国际清偿手段，才能在短期内国际市场价格出现不利变化或发生贸易摩擦时，起到同时稳定汇率和利率的作用。同时，国际收支平衡要有一定的可持续性，这意味着不能持续出现较大的贸易逆差，致使外汇储备短缺。

（三）开放货币自由兑换的顺序

关于开放货币自由兑换的顺序，大多数经济学者主张应先实现国内经济金融部门的自由化，然后再实现经常项目的自由兑换，最后才实现资本项目的自由兑换。这既有利于实现资源的合理配置，又能保证经济、金融的稳定，促进经济健康稳定的发展。另一些学者则认为，为了缩短或减少货币自由兑换的时间或成本，资本项目应当先于（或同时）经常项目实现自由兑换。提倡激进方式的学者则认为"一步到位"的方式可以使货币自由兑换的好处立即反映出来。本书认为，从内部可兑换逐渐过渡到局部兑换，再逐渐过渡到完全兑换的开放顺序具有更好的稳定性和可操作性，且为世界大部分国家采用。

第四节 货币区域化理论与时代进程

从 20 世纪 60 年代开始，随着世界经济尤其是区域经济一体化趋势不断加强，货币区域化逐渐成为经济一体化的特征与载体。对货币区域化的理论和实践研究，已经成为国际金融学界关注的焦点，并对国际货币体系改革与国际货币关系产生重大影响。

所谓货币区域化，是指一定地理范围内的有关国家和地区在货币金融领域中实行协调与合作，最终形成一个统一的货币体系和联盟。它实质上是一些国家或国家集团为了货币金融合作而形成的货币联盟，是成员国之间经济、金融政策一致性的体现。根据区域内各国货币合作的程度不同，货币区域化可分为三种类型。一是区域性货币合作，即有关国家或地区在有关货币金融领域实行的协商、协调乃至共同行动，但在合作形式、时间和内容等方面有着较大的选择余地，通常是相对暂时的、局部的和松散的货币合作。二是区域货币同盟，这是区域性货币合作向深入发展的结果。它是根据法律文件或有关国家达成的国际协议就货币金融的某些重大问题进行的合作。三是通货区，它是区域货币联盟的高级表现形式，其特征是成员国货币之间的名义比价相对固定，选择一种占主导地位的货币作为各国货币汇率的共同基础，主导货币与成员国货币相互间可充分地自由兑换，存在一个协调和管理机构。这相当于在成员国范围内实行固定汇率制，而对区域外各国货币则实行浮动汇率制。为了建立和维持这个汇率稳定机制，通货区各成员国已不能通过实施独立的货币政策来改善国内经济运行，其货币主权在一定程度上受到削弱。

有关货币区域化的理论以 20 世纪 60 年代出现的"最适度通货区理论"最为著名。所谓通货区，是指区内成员国货币之间保持固定汇率制度，对区外各种货币实行联合浮动。最适度通货区理论研究的是在什么样的条件下加入通货区是利大于弊；或者说，具有什么样经济特征的国家之间才适宜结合为一个通货区。最适度通货区的建立将消除由于汇率不固定而产生的不确定性，因此刺激了国际分工及在成员国或区域内的贸易与投资的流动。最适度通货区的形成，也使得生产商将整个区域视为一个市场，并可获得生产的规模经济效益。在此，我们将介绍两种常用的衡量最适度通货区的分析方法。

第四章 国际金融监管与金融发展

第一节 金融监管的原理与体制

金融市场是国民经济运行的重要枢纽。世界各国的发展证明，缺乏监督和管理的金融市场不仅效率十分低下，而且可能酿成金融危机，对国民经济产生严重破坏。因此，必须对金融市场实施监管，尤其是在经济全球化、金融国际化趋势加快发展的今天，加强金融市场监管具有重大的现实意义。

一、金融市场监管的含义

金融监管有广义和狭义之分。狭义的金融监管是指中央银行和金融监管当局依据相应的国家法律法规对整个金融业（包括金融机构以及金融机构在金融市场上所有的业务活动）实施的监督管理。广义的金融监管除包括上述内容之外，还包括金融机构的内部控制与稽核、同业自律组织的监管、社会中介组织和舆论的社会性监管等。

金融监管是金融市场的监管主体为了实现监管的目标而利用各种监管手段对监管的对象所采取的一种有意识的和主动的干预和控制活动，金融监管就是金融监督和金融管理的总称。它主要包括市场准入与机构合并、银行业务范围、风险控制、流动性管理、资本充足率、存款保护以及破产处理等方面的监管。

二、金融监管的意义和依据

金融监管的理论基础是金融市场的不完全性，金融市场的失灵导致政府有必要对金融机构和市场体系进行外部监管。现代经济学的发展，尤其是"市场失灵理论"和"信息经济学"的发展为金融监管奠定了理论基础。其主要内容如下。

（一）金融市场监管的意义

金融监管可以有效地控制金融风险，维护金融系统的稳定。它是根据市场需要展开实施的，主要是采取法律手段和经济手段对金融业实施监督和管理，监管不能太松或太紧，必须在金融监管效率和维护公平之间寻找均衡点，并且随着经济体制的不断改革和金融市场化和自由化进程的发展，金融监管要做到更加完善和法制化。

1. 保护投资者权益

投资者是金融市场的支撑者，他们涉足金融市场是以获取某项收益为前提的，而金融市场同时具有高风险的特点，为了保护投资者的合法权益，必须坚持"公开、公平、公正"的原则，加强对金融市场的监管，只有这样，才便于投资者充分了解金融产品发行人的资信、价值和风险状况，从而使投资者能够较正确地选择投资对象。

2. 维护金融市场秩序

金融市场存在蓄意欺诈、信息披露不完全与不及时、操纵股价、内幕交易等弊端。为此，必须对金融市场活动进行监管，对非法金融市场交易活动进行严厉查处，以保护正当交易，维护金融市场的正常秩序。

3. 健全金融市场体系

金融市场具有充当资本供求双方之间桥梁、发挥融资媒介的基本功能，同时具有优化资源配置等多种功能，通过金融市场的监管，完善与健全市场体系，促进其功能的发挥，有利于稳定金融市场，增强社会投资信心，促进资本合理流动，从而增进社会福利。

4. 提高金融市场效率

及时、准确、可靠、全面的信息是金融市场参与者进行发行与交易决策的重要依据。因此，一个发展高效率的金融市场必须是一个信息通畅的市场，它既要有现代化的信息通信设备系统，又必须有一个组织严密科学的信息网络机构，必须有一整套收集、分析、交换信息的制度、技术和相应的管理人员，这些只有通过国家的统一组织和管理才能实现。

（二）金融监管的依据

1. 金融市场的外部效应

金融机构的破产倒闭及其连锁反应将通过货币信用紧缩破坏经济增长

的基础。金融机构不同于普通企业，若金融机构发生问题，则损失的不只是金融机构的所有者，而且涉及成千上万的企业和居民，某些人获得了利益却没有承担相应的责任，而另一些人分担了成本却没有能够享有应得利益。金融风险也具有传染性，即一家金融机构的问题可能会导致另一家或多家金融机构发生同样的问题。

2. 个体理性与集体理性的冲突

考虑社会成本，单个金融机构追求利润最大化的理性行为可能是非理性的。单个金融机构追求利润最大化和风险最小化，可能导致金融资源集中流向风险较小和利润较高的产业，不同产业的经济主体不能具有取得信贷资金的平等机会，不能保证各个产业均衡发展和国民经济的稳定增长。金融体系的自由配置资源的低效率，需要政府通过一定的监管手段加以调整。

3. 金融垄断

金融机构是经营货币的特殊企业，它所提供的产品和服务的特性决定其不完全适用于一般工商业的自由竞争原则。一方面，金融机构规模经济的特点使金融机构的自由竞争很容易发展成为高度的集中垄断，而金融业的高度集中垄断不仅在效率和消费者福利方面会带来损失，而且也将产生其他经济和政治上的不利影响；另一方面，自由竞争的结果是优胜劣汰，而金融机构激烈的同业竞争将危及整个经济体系的稳定。因此，自从自由银行制度崩溃之后，金融监管的一个主要使命就是如何在维持金融体系的效率的同时，保证整个体系的相对稳定和安全。

4. 金融信息不对称

信息经济学认为造成市场价格扭曲的最重要原因是信息不对称性。金融体系中更加突出的信息不完备和不对称现象导致即使主观上愿意稳健经营的金融机构也有可能随时因信息问题而陷入困境，然而金融机构又往往难以承受搜集和处理信息的高昂成本，因此，政府及金融监管当局就有责任采取必要的措施减少金融体系中的信息不完备和信息不对称现象。

三、金融市场监管的目标和原则

（一）金融市场监管的目标

金融市场监管的目标是金融市场监管行为要取得的最终效果或达到的最终目标，是实现金融有效监管的前提和监管当局采取监管行动的依据。金融市场监管的核心目标包括系统稳定性、维护金融机构稳健运行和保护消费者。金融市场监管的目标可以概括为；

1. 维护金融体系的安全稳定

这是金融监管的首要目标。金融机构是经营货币信用的特殊企业，任何一家金融机构倒闭或经营出现严重问题都会引起连锁反应，引发经济、金融秩序的严重混乱，严重时造成经济金融危机。因此，金融监管必须确保国家金融体系正常运行和安全稳定，为国家经济稳健发展创造良好金融环境。

2. 保护全体存款人的合法利益

金融机构的存款来自机构和个人，银行等作为信用中介虽然是独立的法人机构，但只有经过国家金融监管权威管理机关的审批，在一定程度上有国家的身影，公司和公民才放心在银行等金融机构存款。保护存款人的利益实质上是维护国家信用制度，也是保护金融机构的长期利益，更是保护国家经济和社会的利益。存款人作为资金的输出方，是金融市场参与主体之一，也是金融交易中的信息弱势群体，需要有专门的金融监管机构给予保护。

3. 实现金融有序竞争和提高效率

金融机构在发展中相互竞争不可避免，为了争夺市场和客户，有时会出现恶性拼杀，甚至不惜血本展开"价格战"，严重时会造成机构倒闭，影响金融市场的有序运转。因此，金融监管的目标之一就是在统一法律之下实现金融机构的公平有序竞争，防止出现因为过度竞争而导致金融混乱。同时，对金融创新和金融违规进行及时的鉴别判断，肯定金融创新和约束金融违规，提高金融服务效率。

（二）金融市场监管的原则

为实现金融市场监管的目标，应当坚持以下几项原则：依法管理原则、"三公"（公开、公平、公正）原则、自愿原则、政府监督与自律相结合原则及系统风险控制原则。

1. 依法管理原则

金融市场监管必须有充分的法律依据和法律保障，做到"有法可依，有法必依"，金融市场监管部门必须依靠强有力的法制建设，合理划分有关各方面的权利与义务，保护市场参与者的合法权益。

2. "三公"原则

（1）公开原则

公开是指金融市场信息公开，顾名思义，公开原则的核心是要求市场信息公开化，市场具有充分的透明性。信息公开原则要求信息披露应及时、完整、真实、准确。根据公开原则，筹资者必须公开与证券及其价格有关的各种信息，包括首次发行时的"信息的初期披露"和证券发行后的"信息的持续披露"，监管者应公开有关监管程序、监管身份以及对金融市场的违规处罚，并努力创建一个投资信息系统，为投资者创造一个信息畅通投资环境。

（2）公平原则

法律面前人人平等，公平原则就要求金融市场的各个参与者都具有平等的法律地位，他们的交易机会，获取信息的机会，遵循的交易规则都相同，各自合法权益都能得到公平的保障。监管机构有责任为每一位金融市场参与者营造公平的市场氛围。

（3）公正原则

公正原则是在前两公原则基础上，对一切被监管对象给予公正待遇，能够严格按照法律法规的规定，公平正直地处理金融市场中发生的有关事件，以保障金融市场的健康运行。

3. 自愿原则

金融市场上一切金融活动不允许以行政干预人为强行交易，必须遵循市场规则以及交易各方的需求进行，保护交易各方根据自己的意愿和偏好自由成交。

4. 政府监督与自律相结合原则

即在加强政府证券主管机构对证券市场监管的同时，也要加强从业者的自我约束、自我教育和自我管理。

5. 综合监督原则

金融监管要综合运用经济工具、行政工具、法律工具，实现有效监管。金融监管要合理运用日常监管与重点监管、事前督导与事后监察；要保持科学化、系统化和最优化，确保监管的高效。

6. 系统风险控制原则

金融体系和金融机构的内在脆弱性、金融主体行为有限理性和金融资产价格的波动，造成了金融系统具有内在的不稳定性，并可能在一定的条件下引致金融和经济危机，这就要求金融监管者必须采取适当的措施和方法，防范和减少金融体系风险的产生和积累，保证整个金融体系的稳定。

7. 有机统一原则

金融监管要求统一监管标准和口径，不能各自为政、自行其是、重复监管和自相矛盾。宏观金融监管与微观金融监管要协调统一，微观金融政策、措施和监管方法不能与宏观金融政策制度相矛盾。

四、金融监管体制

（一）集中型监管体制

1. 集中型监管体制的概念

集中型监管体制也称集中立法型监管体制，是指政府通过制定专门的证券法规，并设立全国性的证券监督管理机构，交易所和交易商协会等组织起辅助作用，从而统一管理全国证券市场的一种体制。在这种体制下，政府积极参与证券市场管理，并且在证券市场监管中占主导地位，而各种自律性的组织，如证券业协会等则起着协助政府监管的作用。

2. 集中型管理体制的优点

第一，实行集中型监管，具有监管体系更加集中、监管机构更加专业、监管方法更加有效等优势。

第二，能公平、公正、高效、严格地发挥监管作用，协调全国的金融市场；能统一执法尺度，提高金融市场监管的权威性。

第三，监管者的地位相对独立，能更好地保护投资者的利益。

3. 集中型管理体制的缺点

第一，容易产生对证券市场过多的行政干预。

第二，在监管证券市场的过程中，自律组织与政府主管机构的配合有时难以完全协调。

第三，由于监管者独立于金融市场，当市场行为发生变化时，有时不能做出迅速反应，并采取有效措施。

（二）自律型监管体制

1. 自律型管理体制的概念

自律型金融市场监管体制是指政府除进行某些必要的国家立法外，很少干预证券市场，对金融市场的监管主要由交易所及交易商协会等自律组织进行自律监管的监管体制。它强调证券业者自我约束、自我管理的作用，一般不设专门的证券监管机构。

2.自律型管理体制的优点

第一，自律型监管体制能充分发挥市场创新和竞争意识，利于活跃市场。

第二，由市场参与者制定和修订证券监管法规更贴近金融市场实际运行，监管灵活，效率较高。

第三，自律性组织对违规行为能做出迅速而有效的反应。

第四，由于允许证券商参与制定证券市场监管的有关法规，使得市场监管更加切合实际，并且有利于促进证券商自觉地遵守和维护这些法规。

3.自律型监管的缺点

第一，自律型组织通常将监管的重点放在市场的有效运转和保护会员的利益上，对投资者往往不能提供充分的保障。

第二，缺少强有力的立法作后盾，监管手段较软弱。

第三，没有统一的监管机构，难以协调，区域市场之间很容易互相产生摩擦，容易造成市场混乱。

（三）中间型监管体制

中间型监管体制是既强调立法监管，又强调自律管理的监管体制。中间监管体制是集中型监管体制与自律监管体制相互配合与协调的结果，又称为分级管理型监管体制，包括二级监管和三级监管两种模式。二级监管是中央政府和自律机构相结合的监管；三级监管是中央、地方两级政府和自律机构相结合的监管。很多以前实行集中型或自律型监管体制的国家也正逐渐向中间型监管体制过渡，发挥两种体制的长处，弥补它们的不足，使证券市场更加规范。

第二节 金融监管的实施

一、国际金融监管实施模式

（一）统一金融监管实施模式

统一监管实施模式是指对于不同的金融机构和金融业务，无论审慎监管，还是业务监管，都由一个机构负责监管。这是典型的混业监管实施模式。

这种模式的显著特征是，金融监管权限集中在某一个中央机构，一般都由中央银行或金融监管局负责，具有明显的优势。

1. 成本优势

统一监管可节约技术和人力投入，更重要的是它可以大大降低信息成本，改善信息质量，获得规模效益。

2. 改善监管环境

避免由于监管水平和监管强度不同，使不同的金融机构或业务面临不同的监管制度约束；避免监管重复、分歧和信息要求上的不一致，降低成本；可以使消费者在其利益受到损害时，能便利地进行投诉，降低相关信息的搜寻费用。

3. 适应性强

金融业务创新日新月异，统一监管模式可迅速适应新业务，避免监管真空，降低金融创新形成新的系统性风险，同时也可减少多重监管制度对金融创新的阻碍。

4. 责任明确

由于所有的监管对象被置于一个监管者的监管之下，监管者的责任认定非常明确。

这种监管实施模式的主要缺陷是缺乏竞争性，容易导致官僚主义。

（二）分业金融监管实施模式

分业监管实施模式的基本框架是：将金融机构和金融市场按照银行、证券、保险划分为三个领域。在每个领域，分别设立一个专业的监管机构，负责全面监管（包括审慎监管和业务监管）。

这种监管实施模式的优点在于：一是有监管专业化优势，每个监管机构只负责相关监管事务。这种专业化监管分工有利于细分每项监管工作。二是有监管竞争优势。每个监管机构之间尽管监管对象不同，但相互之间也存在竞争压力。

这种监管实施模式的缺点是：各监管机构之间协调性差，相互推诿，容易出现监管真空和重复监管；不可避免地产生摩擦；从整体上看，机构庞大、臃肿，人浮于事，监管成本较高。

（三）不完全统一监管实施模式

这是在金融业混合经营体制下，对完全统一和完全分业监管的一种改进型模式。这种模式可按监管机构不完全统一和监管目标不完全统一划分。具体形式有牵头监管和"双峰式"监管模式。牵头监管即在多重监管主体之间建立及时磋商和协调机制，特别指定一个牵头监管机构负责不同监管主体之间的协调工作。"双峰式"监管模式，是指根据监管目标设立两类监管机构，一类负责对所有金融机构进行审慎监管，控制金融体系的系统性风险；另一类负责对不同金融业务经营进行监管，从而达到双重"保险"作用，所以这种模式被称为"双峰式"模式。

不完全统一监管实施模式的优势在于以下几方面。

第一，与分业监管相比，它降低了监管机构之间相互协调成本和难度，且在审慎监管和业务监管两个层面内部，避免了监管真空或交叉重复监管。

第二，与统一监管模式相比，它在一定程度上保留了监管机构之间的竞争和制约关系，各监管主体在其监管领域内保持了监管规则的一致性，既可发挥各个机构的优势，还可将多重机构的不利最小化。

第三，可通过牵头监管机构的定期磋商协调，相互交换信息和密切配合，降低监管成本，提高监管效率。

第四，在各自领域保证了监管规则的一致性。

（四）伞形监管＋功能监管模式

金融市场监管主要包括：对金融机构设立的监管；对金融机构资产负债业务的监管；对金融市场的监管，如市场准入、市场融资、市场利率、市场规则等；对会计结算的监管；对外汇外币的监管；对黄金生产、进口、加工、销售活动的监管；对证券业的监管；对保险业的监管；对信托业的监管；对投资黄金、典当、融资租赁等活动的监管等。

二、金融市场监管实施的内容

（一）市场准入监管实施

市场准入监管实施主要是指对金融机构筹建、设立、经营即进入市场所进行的监管。这是一个关系到金融业能否健康发展，金融业结构和规模是否适度，金融机构是否具备设立资格，是否会给社会经济带来消极影响的重要环节。

（二）金融业务运作监管实施

金融业务运作监管实施主要包括：资本充足性监管、清偿能力监管、业务与经营监管、贷款集中程度监管、外汇业务风险监管。

（三）问题金融机构的监管实施

金融监管部门在监管过程中，一般会尽量避免单个金融机构因经营不善而给社会带来的震动。出现这种情况，监管部门会尽力采取挽救和保护措施，主要包括以下几种方式。

1.存款保险制度

存款保险制度是国家通过建立存款保险机构对银行存款进行保险，以免在银行破产时存款人遭受损失的制度。

2.制裁手段

对商业银行违背政策等问题，金融监管当局往往采取制裁手段。

经济惩罚，如实行惩罚性利率、罚款等；停止对其贷款和贴现；建议撤换高级管理人员；撤销该行在存款保险公司的保险权，降低其社会信誉；提出诉讼。

3.紧急援助

金融监管当局对发生清偿能力困难的银行，往往提供紧急援助，视为金融体系的最后一道防线。

（四）市场退出监管实施

市场退出监管实施是指金融监管当局对金融机构退出金融业破产倒闭或合（兼）并、变更等实施监督管理。金融业的特殊性决定了金融机构不能私自变更、停业、关闭或合（兼）并，而必须经金融监管当局审查批准。

三、金融监管实施的手段

金融监管的手段可以分为法律手段、经济手段和行政手段。法律手段是金融监管的基本手段。金融监管的依据是国家的法律、法规，金融监管部门依法对金融机构及其经营活动进行监督、稽核和检查，并对违法违规者进行处罚。金融监管部门依法监管，金融机构依法经营并接受监管，这是金融监管的基本点。世界各国普遍遵循这一准则。经济手段是指通过经济利益方面的奖惩来推行监管，这在大多数情况下也是依据法律、法规，所以实际上是法律手段的辅助。行政手段则是通过行政命令的方式进行监管，这在某些特殊时期、特定环境下采用，效果比较明显。

在实际操作中，金融稽核是具体的监管手段。金融稽核是金融监管部门根据国家规定的稽核职责，对金融业务进行监督和检查。它要求稽核人员以超然的姿态、公正的立场，运用专门的、科学的方法，对被稽核单位及其业务活动的真实性、合法性、正确性和完整性客观地进行评价，并提出稽查报告。因此，金融稽核是金融宏观监控和督查的重要手段。

金融稽核的内容主要有：①金融机构业务活动的合法性。即金融机构对国家的法律、法规、政策方针制度的遵守执行情况，包括货币政策和利率政策的执行、存款准备金的缴存、代理财政性存款的划缴、联行资金的清算、业务活动范围的划分、存贷款和结售汇的办理情况、贷款期限的管理、拆入拆出资金的管理、债券的发行、新设机构的报批等。②资本金的充足情况。包括金融机构实收资本的构成及来源，资本金与资产总额、负债总额、存款总额的比例等。③资产质量情况。主要从金融资产的流动性、安全性和盈利性来考察资产质量状况，包括贷款方向、贷款结构、贷款风险程度、贷款的担保情况以及贷款的集中度等。④负债的清偿能力。主要检查金融机构可变现资产的数量和质量、存入中央银行的准备金数量、资金同业拆借情况、近期难以收回的贷款数量、可以向中央银行再贴现和借款的数量等。⑤盈利状况。主要检查金融机构的各项收益率、利润的来源及结构等。⑥经营管理状况。主要检查金融机构的内控制度及其他基本制度的制定和执行情况。

金融稽核分为全面稽核和专项稽核。全面稽核是对金融机构的全部业务、经营管理和财务状况进行全面检查；专项稽核是对金融机构的业务活动或经营管理的某一方面、某一项目或某一问题进行专门检查。金融监管部门一般定期对金融机构实行稽核和检查；在认为必要时，可以对任何一家金融机构随时进行稽核和检查。

具体的稽核方式主要有：①现场稽核。指稽核人员直接到被稽核单位，按稽核程序实地进行稽核检查。这是在全面稽核和专项稽核时都经常采用的稽核方式。②报表稽核。指稽核部门通知被稽核单位，将有关报表、凭证、账簿等资料如期送达稽核部门进行稽核。报表稽核一般在开展定期或不定期的专项稽核时采用。③委托稽核。指稽核部门开出委托书，委托下级稽核部门或经批准已注册的专职社会稽核监督机构，按照稽核程序和既定的内容及要求进行检查，并向委托单位提交稽核报告，提出稽核结论和处理意见，由委托单位签发稽核结论和处理意见。④联合稽核。指两个或两个以上的独立稽核部门联合对一家金融机构进行稽核，或者由一个独立的稽核部门与其他经济监督部门联合，对一家单位进行稽核。

四、国际金融监管趋势

（一）由机构监管向功能监管转变

功能监管的提出主要是由于金融机构形式和内容存在易变性，过去对金融机构的监管现在可能出现问题。一是随着时间的推移，金融机构的名称虽然没有发生变化，但是其性质和职能已发生很大变化。二是在不同地域、法律和政策安排、人文传统下，对金融机构的业务范围限定、职能定位上可能出现较大差别。三是对金融基本功能而言，执行某项功能的载体（机构）有许多，既可以由银行、保险、信托、共同基金、养老基金等机构执行，也可由证券市场和金融衍生品来执行，而且同一机构也可能具有不同的金融功能。四是从长期趋势来看，金融产品正不断地从金融中介向金融市场转移，即"非中介化"。所以，重要的是对金融功能进行监管，而不是传统上对金融机构进行监管。

强调功能监管，相对于金融机构和金融组织形式而言，金融体系基本功能很少随时间和地点的变化而发生变化，因而具有相对稳定性。一般而言，金融体系具有六大基本功能：一是清算和支付功能，即金融机构提供了便利商品、劳务和资产交易的清算支付手段。二是融通资金和股权细分功能，即金融体系通过提供各种机制，汇聚资金并投向大规模的无法分割的投资项目，或者通过细分企业的股权来帮助企业实现分散化。三是为在时空上实现经济资源转移提供渠道，即金融体系提供了促使经济资源跨时间、地域和产业转移的方法和机制。四是风险管理功能，即金融体系提供了应付不测和控制风险的手段和途径。五是信息提供功能，即金融体系通过提供价格信号，帮助协调不同经济部门的非集中化决策。六是解决激励问题。在金融交易中，交易双方信息不对称，而且存在委托—代理关系，金融体系则提供了解决其中激励问题的渠道。

实施功能监管而不是分机构监管，可以增强监管机构的灵活性和应变性，减少"寻租"活动的机会，从而提高金融体系的效率。

（二）由合规性监管向风险性监管转变

合规性监管是指监管当局对金融机构执行有关政策、法律、法规情况所实施的监管。金融市场复杂多变，金融创新层出不穷：一是金融市场内部结构层次越来越丰富，金融衍生产品规模急增。二是金融机构网络化，特别是网络银行（业务）迅速发展，金融机构普遍采用了网上交易。三是表外业务日益增大。一些商业银行中间业务收入已成为营业收入的主要来源。这些创新业务在收益更大的同时，风险也更大，而且更易扩散。另外，现代信息通信技术为大规模资金跨国迅速调拨提供了极大的便利，同时也加大了国际金融风险发生的可能和概率。

现代金融风险在风险规模、风险结构及传导机制、发生频率、扩散速度等方面表现出许多新的变化特征。金融风险事件的爆发频率加快，数量增多，风险规模与风险损失出现了扩大化的趋势，而且金融风险传导速度加快、范围扩大、系统影响加重。同时就引发金融风险的原因来讲，不确定性因素增多，技术性原因上升，风险因素高度复杂化。这就促使金融监管部门的监管重心从传统的合规性监管向全面有效的风险监管转变。

（三）由单纯的国内监管向国内和国际监管并重转变

近年来，跨国银行和其他跨国金融机构雨后春笋般地迅速发展起来，成为金融监管当局不能忽视的监管对象。在监管的区域上，从一个主权国家的国内监管向国内和国际监管并重转变。金融业的国际化监管主要体现在两个方面：一是为了有效监管金融机构的境外业务和离岸业务，各国监管当局纷纷实行了金融机构的跨境监管，即对同是经营境内业务和境外业务的金融机构进行境内外机构和境内外业务的并表监管。目前，已有的经验表明，这种跨国监管可以有效地防止金融监管真空的出现，因而其效果也是明显的。二是金融监管的国际合作不断加强。其表现是：在市场准入方面，各国都把金融机构的母国金融监管水平和质量作为重要标准；各种国际性金融组织在进行重组和调整后，其影响力逐步走向了全球化，国际监管合作逐步进入了制度化阶段，市场准入、国民待遇等国际性制度约束日益成为各国金融经济发展的前提条件；金融监管的国际标准日趋统一，其统一性、权威性、严肃性和协调性正在逐步得到加强；旨在协调国际汇率、短期资本流动和防止国际金融犯罪的国际监管合作趋势不断加强。

（四）由分业监管向统一监管转变

随着信息技术的迅猛发展和竞争的日益加剧，银行业开始突破限制，纷纷向资本市场和保险市场渗透、挺进，一些实行分业经营的国家转向了混业经营体制。混业经营的局面带来了金融机构的多样化，使得原先按监管对象设置监管机构的原则受到挑战。同时，金融机构的同质化，突出了进行统一监管的必要性。

统一监管是指由统一的监管主体对从事银行、证券、保险业务的金融机构实施统一监管的一种方式，其主要表现之一是统一监管机构。

第三节 金融结构与金融创新发展

一、金融结构

（一）金融结构的含义与表现形态

金融结构（Financial structure）是指构成金融总体的各个组成部分的分布、存在、相对规模、相互关系与配合的状态。在某一时点上考察金融结构时，它表现为一个静态的既定状况；从历史的角度看，它始终处于动态的演变状况，其结果导致了金融发展水平和层次的提升。

金融结构有多种表现形态，体现了各种金融要素的组合与运作状态，反映了金融发展的不同程度及其在国民经济中的重要性。考察金融结构的表现形态可以从多方面来进行。一般通过考察金融业各分行业（银行、证券、保险、信托、租赁等）的产业结构、金融市场结构、融资结构、金融资产结构等，可以综合反映出一国金融结构的基本状况。

（二）影响金融结构变化的主要因素

基础性条件相同的国家，会形成大致相同的金融结构。但金融结构形成之后，并不是固定不变的，事实上金融结构一直处于不断变动的状态，并且恰恰由于金融结构的变动，才引起了金融发展水平与层次的变化。通常导致金融结构发生变动的主要因素有以下几类。

1. 制度因素

从历史的角度看，货币制度的变迁是货币结构变化的主要原因。信用制度的形成与完善可以解释金融工具结构、金融市场结构和融资结构演进的原因。新式银行制度的建立与发展则是导致金融产业结构形成与变化的重要因素。

2. 金融创新的活跃程度

金融创新越活跃，新的金融机构、金融工具、金融市场、融资方式和技术就越多，推陈出新就越频繁，金融结构也就变化越快。发达国家在大规模、全方位的金融创新中，广泛采用新技术，不断形成新市场，新金融工具、新交易、新服务层出不穷，直接导致了金融结构的深刻变化，形成了世界金融业的新格局。

3. 技术进步

技术进步历来是导致经济结构变化进而推动经济发展的重要力量，金融产业也不例外。现代科学技术的突飞猛进及其在金融业的广泛应用，已经并将继续导致金融结构发生巨大的变化。近几十年来，数学分析技术、电子技术、信息技术、工程技术、管理技术等多种技术在金融业的引入，使金融业的融资技术、避险技术、分析技术和管理技术等得到了长足的发展，并因此改变了原有的金融结构。其中最突出的是微电子技术及计算机网络技术在金融业的大量运用，改变了传统的金融结构。金融业务处理电子化、资金流转电子化、信息处理电子化、交易活动电子化等金融电子化的发展，为多种新的金融工具和交易方式的产生提供了基本的技术支撑。电子货币的出现及电子支付系统的运作改变了原有的货币结构。各种衍生金融工具的出现与交易，完全由计算机系统组成的 24 小时全球一体化市场的出现与运作，网络银行的诞生和电子商务的普及，使金融市场结构和金融产业结构正在发生深刻的变化。

（三）金融结构的分析指标与评价角度

对一个国家金融结构的状况与优劣可以从多层面、多角度展开分析。由于结构首先表现为总量中各个部分的构成状况，因此，金融结构分析的一个主要方面就是研究组成总量的各个部分之间的数量比例关系，即通常采用的结构比率分析方法。

可以借鉴以下的结构比率指标对金融工具和金融机构的结构进行考察，我们可以有所借鉴。

金融相关比率：现有金融资产总值在国民财富中所占的份额。

金融构成比率：各类金融工具在金融工具总额中所占的份额。

金融工具比率：金融机构发行的金融工具与非金融机构发行的金融工具总额之比。

金融部门比率：各经济部门在金融资产和金融工具中所占的份额。

分层比率：同类金融机构资产在全部金融机构总资产中所占的份额以及在主要金融工具中所占的份额。

金融中介比率：所有金融机构持有的金融资产在全部金融资产中所占的份额。

融资比率：各融资方式占全部资金来源的份额。

有学者采用分层次的结构比率分析法来考察金融资产的结构：第一层次是货币类、证券类、保险（保障）类金融资产分别占金融资产总值的比率；第二层次是分析上述三大类金融资产各自的内部比例，如货币结构、证券结构、保险保障类金融资产的内部结构；第三层次是在第二层次基础上的细分，如货币结构中的存款货币可按照部门（居民、企业、政府）分析各自的结构比率；依次还可以往下类推到第四层次、第五层次以至更多的层次去分析。应该说，采用各种结构比率指标进行分析，是对金融结构进行定量分析和实证研究的基本方法，也是对金融结构进行静态描述和动态分析最重要工具。

问题在于，采用数量比率指标虽然可以描述与反映金融结构的状况及其演变，但却难以评价或判断金融结构的合理性与优劣程度。由于金融问题的复杂性，到目前为止，对金融结构的规范性研究还无法用一个或一组确定的数量比率指标来进行，而在结构分析中，仅仅停留在对状态的描述与反映上显然是不够的。因此，单纯用定量分析的方法似乎还不能全面研究特别是评价金融结构，还需要运用定量分析的方法，对金融结构的合理性和优劣程度做出评价。

对于任何一个产业来说，其特有的功能及其强弱决定了其对经济和社会的贡献度，因此，评价产业结构的合理性与优劣，一般可以通过考察其特有的功能是否齐备和功能发挥是否充分来进行。同理，对金融结构合理性与优劣程度的考察也可以采用功能视角来进行。考虑到金融各个要素及其组合后所提供的功能，大致可概括为三个：一是投融资功能。该功能的强弱主要表现在金融资源的开发利用程度、投融资的便利程度、投融资的成本大小和价格的合理程度、投融资的效率、资金配置的优化程度等方向。二是服务功能。该功能的强弱主要表现为能否提供支付清算的便利以促进交易的完成，能提供代理（代收代付、代客买卖）、信托、现金管理、保管箱、信息、咨询、理财、代理融通、银行卡等业务以满足社会各种金融需求，能否提高经济生活的质量并增加社会总福利。三是风险管理功能。该功能的强弱主要表现为能否有效地分散和回避风险以保持金融资产的安全性，能否为人们生活中的各种不确定性风险提供保险和保障等。可见，在定量的结构指标分析基础上，从金融功能强弱的角度来评价金融结构的合理性与优劣程度是比较科学的。

二、金融创新发展

（一）金融创新的概念

金融创新是指金融领域内部通过各种要素的重新组合和创造性变革所创造或引进的新事物。金融创新的内涵丰富多样，其中有历史上各种货币和信用形式的创新以及所导致的货币信用制度、宏观管理制度的创新，有金融机构组织和经营管理上的创新以及金融业结构的历次创新，有金融工具、交易方式、操作技术、服务种类以及金融市场等业务上的各种创新，有当代以电子化为龙头的大规模全方位金融创新，等等。人们在对金融创新进行研究时，由于观察和力图说明问题的角度不同，分类的方法可以有多种。较为简单的是按金融创新的内容大致归为以下三类。

1. 金融制度创新

包括各种货币制度创新、信用制度创新、金融管理制度创新等与制度安排相关的金融创新。

2. 金融业务创新

包括金融工具创新、金融技术创新、金融交易方式或服务创新、金融市场创新等与金融业务活动相关的创新。

3. 金融组织结构创新

包括金融机构创新、金融业结构创新、金融机构内部经营管理创新等与金融业组织机构相关的创新。

（二）当代金融创新的主要表现

当代金融创新是指 20 世纪 70 年代以来的金融新事物，主要表现为以下几个方面。

1.金融制度创新

（1）国际货币制度的创新

国际货币制度创新的另一个重要表现是区域性货币一体化趋势。它通常以某一地区的若干国家组成货币联盟的形式而存在，成员国之间统一汇率、统一货币、统一货币管理、统一货币政策。

（2）国际金融监管制度的创新

随着国际证券业委员会、国际保险监督官协会、国际投资与跨国企业委员会、期货国际公会、证券交易所国际公会等国际性监管或监管协调机构和国际性行业自律机构的创立与履职，一个新型的国际性金融监管组织体系已经开始运转。各国监管当局的联手监管和专门机构的跨国监管正在不断创新监管方式和手段，着手创建一个集早期预警、风险防范、事后救援三大系统为一体的新型国际化监管体系。

2.金融业务创新

（1）新技术在金融业的广泛应用

在金融业普遍装备了电子计算机后，改变了传统的业务处理手段和程序，存、贷、取、汇、证券买卖、市场分析、行情预测乃至金融机构的内部管理，均通过计算机处理；电子化资金转移系统、电子化清算系统、自动付款系统等金融电子系统的创建，形成了国内外纵横交错的电子化资金流转网络，资金的调拨、转账、清算、支付等都可以通过电子计算机完成；金融和经济信息的传递、储存、显示、记录、分析均借助电子计算机处理；各种金融交易也普遍使用计算机报价、撮合、过户、清算……电子计算机正在把各种金融业务网罗进一张巨大的电子网络之中，其终端遍布于各个家庭、企业、国家。信息技术的发展为金融业务创新奠定了基础，实现了金融业务中信息流、资金流和交易指令流的即时化、全球化和全时化。

（2）金融工具不断创新

各类金融机构一方面通过对原有金融工具特性的分拆和重组，不断推出新型的金融工具，另一方面在新的金融结构和条件下创造出全新特征的新工具，其种类繁多，不胜枚举。例如，有可满足投资、投机、保值、提高社会地位等多种需求的，有可适合大小投资者、长短期资金余缺者、国内外投资者等多种对象的，有介于定活期存款间、股票债券间、存款与债券间、存款与保险间、贷款与证券间等各种组合式的，有定期转活期、债券转股票或股票转债券、贷款转证券、存款转证券等可转换式的，有与价格指数、市场利率或某一收益率挂钩等弹性收益式的……总之，品种多样化、特性灵活化、标准化、国际化、通用化的各种新型金融工具源源不断地涌现出来。

（3）新型金融市场不断形成

金融市场的创新主要表现在两个方面：其一，金融市场的国际化。在金融自由化浪潮的冲击下，各国陆续取消或放松了对国内外市场分隔的限制，各国金融市场逐步趋于国际化；计算机技术引入金融市场后，各国际金融市场互相连接，形成了全球性的连体市场，24小时全球性金融交易已经梦想成真；跨国交易所业已诞生；新型的国际化金融市场不断出现。其二，金融衍生工具市场异军突起。人们通过预测股价、利率等变动的行情走势，以最少保证金签订远期合同，买卖期权或互换合同金融商品，由此形成了期货、期权、互换等不同衍生工具市场。

（4）新业务和新交易大量涌现

银行、证券、保险、信托、租赁等各类金融机构一方面在传统基础上推陈出新，另一方面积极开拓全新的业务与交易。例如，银行在传统的存、贷、汇业务基础上推出了提款通知书账户、协议账户等新型的存款业务，各类批发或零售贷款业务或安排新的结算工具与方式；同时大量开发新型的跨国业务、信息业务、表外业务、信用卡业务、咨询业务、代理业务及各种服务性业务等，期货交易、期权交易、掉期交易等各种新型的融资技术、融资方式、交易方式被不断地设计开发出来。

3.金融组织结构创新

（1）创设新型金融机构

在金融创新中涌现出与传统金融机构有别的新型金融机构：有以计算机网络为主体而无具体营业点的电子银行；有以家庭为专门对象，居民足不出户就可以享受各种金融服务的家庭银行；有专为企业提供一切金融服务的企业银行；有一切业务均由机器受理的无人银行；有多国共同组成的跨国银行；有各国银行以股权方式联合成立的国际性联合银行；有集银行、证券、保险、信托、租赁和商贸为一体的大型复合金融机构。

（2）各类金融机构的业务逐渐趋同

金融机构在业务和组织创新的基础上，逐渐打破了职能的界限，实际上的混业经营迫使分业管制被动放松。管制的放松加剧了各类金融机构之间的业务交叉与渗透，模糊了原有的职能分工界限，各种金融机构的性质趋于同质化。

（3）金融机构的组织形式不断创新

在过去单一银行制、总分行制的基础上，新出现了连锁银行制、控股公司制以及经济上相互独立而业务经营上互助互认并协调一致的联盟制银行；在分支机构形式上，也创新了全自动化分支点、百货店式分支点、专业店式分支点、金融广场式分支点。

（4）金融机构的经营管理频繁创新

金融机构通过管理创新不断调整业务结构，开发出多种新型负债和资产业务，中间业务特别是表外业务的比重日益加大，业务手段、业务制度、操作程序、管理制度等被不断革新；金融机构的内部机构设置也在不断创新，旧部门撤并，新部门设立，各部门权限与关系几乎被重新配置；经营管理方法也在推陈出新。

第四节　经济金融化与金融全球化

一、经济金融化

（一）经济金融化的含义

经济金融化是指一国经济中金融资产总值占国民经济产出总量的比重处于较高状态并不断提高的过程及趋势。也有人把经济金融化看作是包括银行、证券、保险、房地产信贷等广义的金融业在一个经济体中的比重不断上升并产生深刻影响的过程。一般可从三个方面来理解经济金融化的含义。

1.金融增长快于经济增长，金融资产占社会总资产的比重不断上升

金融产业的高速增长，使得包括货币资产在内的金融资产占社会总资产的比重不断上升，金融在整个经济中的地位不断提高，金融的重要性日益突出。

2.经济金融相互渗透融合，信用关系成为最基本的经济关系

现代金融活动已渗透到经济活动的各个方面，经济活动与金融活动逐渐融合，成为一个整体，现代经济也被称为金融经济。在许多时候，经济发展状况常常以金融发展状况或相关的金融数据进行反映。例如，以银行信贷或投资总量来反映经济增长状况。同时，社会各经济主体之间的经济关系越来越表现为债权、债务关系，股权关系，保险关系和信托租赁等金融关系，人们的财富也越来越多地以金融资产形式体现，现代经济关系日益金融化。

3.政府对经济的调控管理活动日益体现为对金融的调控管理活动

在现代社会中，政府不仅是重要的经济部门，而且负有维护经济稳定与发展的责任。当金融成为经济活动的核心时，通过对金融的监测，就能掌握经济活动的基本状态。政府可以利用金融在经济中的重要地位和作用，来实现对经济活动的调控和管理。随着经济金融化程度的加深，加强国际金融风险管理与防范已经成为各国的共识，国际金融风险的防范和国际金融关系的协调也成为各国政府经济协调的核心部分。

（二）金融化的发展进程

经济金融化的发展进程明显地体现出两阶段特征。20世纪70年代以前为第一阶段，具体表现为经济货币化；20世纪70年代后至今为第二阶段，即经济金融化。

1.经济货币化

经济货币化是指一国国民经济中用货币购买的商品和劳务占其全部产出比重的提高过程及趋势。如果严格按照货币化的定义，货币化程度应该用一定时期内媒介商品劳务交易的货币总量与总产出量之比来表示，即为货币化比率。但由于找不到相对应的统计资料，一般用一定时期的货币存量与名义收入之比来代表，因为经济的货币化直接扩大了货币需求，从而引起货币存量的增加，而一个国家的名义收入基本上可以代表总产出量。在具体分析中，可以按货币层次的口径对货币化比率进行分层研究，目的在于考察货币结构变化及其影响。

与自给自足式的自然经济和以物易物的实物交换相对应，经济货币化是与经济商品化和货币作用力成正比的。需要注意的是，货币化与商品化相关但却不是一个概念。商品化是指所有产出品中用于交换的比例，商品化程

度高意味着一国经济发展已经走出了自给自足的自然经济阶段；货币化是指商品交换与分配过程中使用货币的比例，货币化程度与物物交换或实物分配的比例成反比。一般来说，商品化是货币化的前提与基础，但商品化不一定等于货币化，因为在商品化的交换与分配中，也会存在一部分物物交换与实物分配的比例，这部分就是"非货币化的"。在现实中，商品经济的发展也不是必然伴随着货币化程度的提高，二者之间有时是不同步的，究其原因，既有客观因素，但更多的是人为的或体制的原因。

2. 经济金融化

经济金融化程度通常用金融相关率来衡量，是指一定时期内社会金融活动总量与经济活动总量的比值。金融活动总量一般用金融资产总额表示。

随着当代经济和信息技术的发展，金融创新层出不穷，使得金融结构发生明显变化，货币性金融资产占总金融资产的比重持续下降，而大量的非货币性金融资产却高速增长，非货币性金融资产所占比重大幅上升。此时，若继续用货币化比率指标来反映一国金融、经济发展水平与市场化程度，就可能出现解释变量与被解释变量之间产生背离问题。在许多经济体中，货币化比率指标普遍地呈现下降趋势。因此，这一阶段需要从金融资产的角度来反映和研究金融与经济的关系。与此相应，经济货币化就发展为更为广义的经济金融化。

无论是逻辑分析还是各国经验都表明：一国经济的货币化先于金融化，货币化是金融化的先导和基础，当货币化达到一定程度时，金融化趋势才跟随非货币类金融工具的迅速扩张而趋于强劲。这是现代经济中金融渗透的主要形式，也是货币化向纵深发展的必然结果。

（三）经济金融化的作用与影响

经济金融化是一国经济发展水平和经济发展进程最重要的标志。不同国家在货币化比率和金融相关比率上的差别反映了其经济金融发展水平的差距。从另一个角度来看，经济金融化提高了经济效率，促进了经济的发展。对于低货币化和金融化的经济体而言，提高货币化和金融化的过程，是改善经济发展条件和金融推动经济发展的过程。

经济金融化的差别既表明了经济发展水平的差异，也体现了金融在经济运行中的地位、作用及其职能发挥状况的优劣，即金融效率的差异。经济金融化程度高，一方面表明社会经济活动越来越多地通过货币来表现和实现，货币的作用范围大，渗透力、推动力和调节功能强；反之则相反。另一方面，表明社会金融活动活跃，金融对经济资源的配置作用力强，金融能更有效地实现对经济的调节作用。

经济金融化是经济与金融逐渐走向融合的过程，是经济与金融互动发展的过程。一方面，经济与金融的交融发展，既促进了经济的发展，也为金融作为重要产业的发展拓宽了空间；另一方面，也意味着通过金融影响与调节经济的功能日益增强，使金融成为宏观经济调控的着力点。

但也必须看到，经济金融化的过程是金融高速增长和膨胀的过程，也是金融与经济逐步脱节与虚拟化的过程。一旦金融与经济的融合度降低，金融出现自身膨胀，就将积累起巨大的风险。而经济金融化又促使风险在金融与经济之间快速传导，金融风险将迅速引发经济风险，进而引起经济危机。经济金融化过程下，如何适度发展金融、控制金融风险将是一个永恒的话题。

二、金融全球化

在现代金融发展过程中，全球化趋势非常强劲。经济全球化是金融全球化的基础与背景，同时金融全球化是经济全球化的表现形式和发展阶段。

（一）经济全球化

经济全球化是当今世界经济发展的主要趋势。经济全球化是指世界各国和地区的经济相互融合、日益紧密，逐步形成全球经济一体化以及与此相适应的世界经济运行机制的建立与规范化过程。经济全球化相继经历了贸易一体化、生产一体化和金融国际化三个既相互联系又层层推进的发展阶段。

1.贸易一体化

贸易一体化是经济全球化的先导，也是它的首要标志。贸易一体化是指在国际贸易领域内国与国之间普遍出现的全面减少或消除国际贸易障碍的趋势，并在此基础上逐步形成统一的世界市场。衡量贸易一体化的主要指标有关税水平、非关税壁垒的数量、对外贸易依存度、参加国际性或区域性贸易组织的情况等。

2.生产一体化

生产一体化是指生产过程的全球化，是从生产要素的组合到产品销售的全球化。跨国公司是生产一体化的主要实现者。跨国公司在数量和地域范围上极大地扩展了跨国经营的分支机构，并实行组织和管理体制上的跨国界规划，逐步建立了以价值增值为基础的跨国生产体系。衡量生产一体化的指标有四个：国际直接投资额、跨国公司海外分支机构的产值、海外分支机构的销售额、海外分支机构的出口额。其中，国际直接投资额是核心指标。

3. 金融全球化

金融全球化是指世界各国和地区放松金融管制、开放金融业务、放开资本项目管制，使资本在全球各地区、各国家的金融市场自由流动，最终形成全球统一的金融市场和货币体系的趋势。金融全球化是从金融业务和金融机构的跨国化开始的。但金融全球化的迅速发展则是在第二次世界大战以后。伴随着贸易全球化和生产全球化进程，金融全球化自20世纪70年代以来快速发展。

（二）金融全球化的主要表现

1. 金融机构全球化

金融机构的全球化包括本国金融机构的准出和外国金融机构的准入两方面的含义。进入20世纪90年代后，跨国金融兼并、收购浪潮此起彼伏，不仅体现在同业之间，还体现在银行业、证券业、保险业等不同金融产业之间，跨国金融集团不断涌现。

2. 金融业务全球化

金融机构的全球化必然带来金融业务的全球化。金融业务的全球化一是体现为金融机构在全球范围内调度资金，经营各种业务。一般用国际性金融业务量占总业务量的比重来衡量金融业务全球化的程度。二是体现为金融业务种类和规程的全球化，即无论是传统业务，还是创新业务，特别是电子金融业务，全球通用性日益提高。

3. 金融市场全球化

首先，各地区之间的金融市场相互连接，形成了全球性的金融市场。

其次，各国金融市场的交易主体和交易工具日趋全球化。逐步放松的资本流动限制和外汇管制，一方面吸引了大量的外国企业在本国发行股票和债券，另一方面大量的外国投资者持有本国金融资产，各国金融市场，尤其是离岸金融市场，交易主体中非居民所占的比重上升。同时，交易主体的全球化使金融市场交易日趋全球化。

最后，各国金融市场上主要金融资产的价格和收益率的差距日益缩小。随着金融管制的放松，资本在逐利的本性下不断流向收益最高的地方，促使金融资产价格和收益率在各国间产生趋同性。从目前的情况看，外汇市场和证券市场在这方面的表现最为明显，金融全球化促进了外汇市场上主要货币汇率水平的趋同和全球股权市场的一体化。

4. 金融监管与协调全球化

面对金融机构、金融业务、金融市场的全球化，单靠一国金融监管当局的力量已经无法适应这种迅速发展的全球化需求，这必然要求有相应的国际金融协调、监管机构和机制。金融全球化条件下的金融监管和协调更多地依靠各国政府的合作、国际性金融组织的作用以及国际性行业组织的规则。

第五章 国际贸易经济发展理论与方式

第一节 现代国际贸易理论

一、规模报酬递增理论

规模报酬递增理论也称规模收益递增理论，其论点为：规模报酬递增也是国际贸易的基础，当某一种产品的生产发生规模报酬递增时，随着生产规模的扩大，单位产品成本递减而取得成本优势，因此导致专业化生产并出口这一产品。

传统的国际贸易理论都假设产品的规模报酬不变，即所有的投入增加一倍，产出也增加一倍。这种假设在以初级产品为中心的时代是接近现实的。但是，在现代经济社会中，尤其是在大工业生产中，许多产品的生产却具有规模报酬递增的特点，即随着生产规模的扩大，每单位生产要素的投入会有更多的产出，也就是说大规模生产能够获取"规模经济"。

所谓规模报酬递增是指产出水平的增长比例高于要素投入的增长比例的生产状况。例如，所有的投入都增加一倍，产出将增加一倍以上。

规模报酬通常可以分为内部规模经济和外部规模经济。内部规模经济主要来源于企业本身规模的扩大。由于生产规模的扩大和产量的增加，企业就能够充分发挥各种生产要素的效能，能更好地组织企业内部的劳动分工和专业化，提高厂房、机器设备的利用率，从而使分摊到单位产品上的固定成本越来越少，进而使产品的平均成本降低。具有内部规模经济的一般为大企业，多集中在汽车、钢铁等资本密集型产业中。外部规模经济主要来源于行业内数量的增加所引起的产业规模的扩大。由于同行业的增加和相对集中，使得企业能够更好地利用交通运输、通信设施、金融机构、自然资源、水利能源等生产要素，从而促使企业在运输、信息收集、产品销售方面成本降低。

二、产业内贸易理论

产业内贸易理论又称差异化产品理论，是解释产业内同类产品贸易增长特点和原因的理论。

（一）产业内贸易的理论解释

产业内贸易是相对于产业间贸易不同产业之间完全不同产品的交换而言的。当今世界，两种类型的国际贸易均有发生。

产业间贸易发生的基础和原因是各个国家要素禀赋的差异引起的比较成本差异。国家间的要素禀赋差异越大，产业间贸易量就越大。但国际贸易中的产业内贸易现象显然无法用传统的贸易理论来解释，因为传统贸易理论有两个重要的假定：一是假定生产各种产品需要不同密度的要素，而各国所拥有的生产要素禀赋是不同的，因此贸易结构、流向和比较优势是由各国不同的要素禀赋来决定的；二是假定市场竞争是完全的，在一个特定产业内的企业，生产同样的产品，拥有相似的生产条件。而这些假定与现实相差甚远。

产业内贸易形成的原因及主要制约因素涉及面比较广，经济学家主要是从产品差异性、规模报酬递增理论及偏好相似的角度对产业内贸易现象进行了理论说明。

1.同类产品的异质性

在每一个产业部门内部，由于产品的质量、性能、规格、牌号、设计、装潢等的不同，每种产品在其中每一方面都有细微差别，从而形成无数种差别的产品系列。如混凝土就有几百个品种。受财力、物力、人力、市场等要素的制约，任何一个国家都不可能在具有比较优势的部门生产所有的差别化产品，而必须有所取舍，着眼于某些差别化产品的专业化生产，以获取规模经济利益。因此，每一个产业内部的系列产品常产自不同的国家。当消费的多样化造成的市场需求多样化，使各国对同种产品产生相互需求，从而产生贸易。

与产业内差异产品贸易有关的是产品零部件的贸易的增长。为了降低成本，一种产品的不同部分往往，通过国际经济合作形式在不同国家生产，追求多国籍化的比较优势。

2.规模经济或规模报酬递增与不完全竞争

产业内贸易的根本原因是为了利用规模经济。由于国际上企业之间的竞争非常激烈，为了降低成本，获得比较优势，工业化国家的企业往往会选择某些产业中的一种或几种产品，而不是全部产品。

对企业而言，规模经济有外部的和内部的。前者不一定带来市场不完全竞争，后者则将导致不完全竞争，如垄断性竞争或独占。这是因为国际贸易开展以后，厂商面对更大的市场，生产规模得以扩大，规模经济使扩大生产规模的厂商的生产成本、产品价格下降，生产相同产品的规模不变的其他国内外厂商因此被淘汰。因此，在存在规模经济的某一产业部门内，各国将各自专业生产该产业部门的某些差异产品，再相互交换（即开展产业内贸易）以满足彼此的多样化的需求。

国家间的要素禀赋越相似，越可能生产更多相同类型的产品，因而它们之间的产业内贸易量将越大。

3.经济发展水平

经济发展水平越高，产业内异质性产品的生产规模就越大，产业部门内部分工就越发达，从而形成异质性产品的供给市场。同时，经济发展水平越高，生产水平也就越高，而较高的收入水平使得人们的消费模式呈现出多样化的特点，而需求的多样化又带来对异质性产品需求的扩大，从而形成异质性产品的需求市场。

三、产业内贸易的特点

通过与产业间贸易模式的比较，我们可以发现产业内贸易模式具有以下几个特点。

第一，根据要素禀赋理论，产业间贸易是建立在国家之间要素禀赋差异产生的比较优势之上，而产业内贸易则是以产品的异质性和规模经济为基础。因此，国家间的要素禀赋差异越大，产业间贸易的机会就越大；国家之间的要素禀赋差异越相似，经济发展水平越接近，产业内贸易发生的可能性就越大。产业间贸易反映的是自然形成的比较优势，而产业内贸易反映的是获得性的比较优势。

第二，产业间贸易的流向可以凭借贸易前同种商品的价格差来确定，而产业内贸易则不可以简单地凭贸易前同种商品的价格差来确定贸易模式。

因为在产业内贸易发生之前，价格是由于规模不同造成的，一个大国可能由于国内市场容量大而生产成本较低。但发生产业内贸易之后，各国都以世界市场作为自己的市场，因而无论是大国还是小国，所有国家利用规模经济降低成本的机会是相同的，所以很难事先预测哪个国家将生产哪种商品。

第三，按照要素禀赋理论，产业间贸易会提高本国丰裕要素的报酬而降低本国稀缺要素的报酬，而产业内贸易是以规模经济为基础的，所有的要素都可能从中受益。

第四，产业间贸易是由各国要素禀赋之间存在的差异引起的，要素的流动在一定程度上是贸易的一种替代品。但是在一个以产业间贸易为主的世界里，要素流动带来了作为产业内贸易载体的跨国公司的兴起，从这点上看，产业内贸易与要素流动之间存在着一定的互补关系。

四、技术差距论

技术进步或技术创新意味着一定的要素投入量可以生产出更多的产品，这样技术进步会对各国生产要素禀赋的比率产生影响，从而影响各国产品的比较优势，对贸易格局的变动产生作用。因而，技术差距也是国家间开展贸易的一个重要原因，一个国家的技术优势使其在获得出口市场方面占优势，当一个国家创新某种产品成功后，在国外掌握该项技术之前产生了技术领先差距，可出口技术领先产品。但因新技术会随着专利权转让、技术合作、对外投资、国际贸易等途径流传至国外，当一个国家创新的技术为外国模仿时，外国即可自行生产而减少进口，创新国渐渐失去该产品的出口市场，因技术差距而产生的国际贸易逐渐缩小。随着时间的推移，新技术最终将被技术模仿国掌握，使技术差距消失，贸易即持续到技术模仿国能够生产出满足其对该产品的全部需求为止。

技术差距论从技术创新出发，论述了产品贸易优势在创新国和追随国之间的动态转移，这是富有创新意义的，而且也为研究一个具体产品创新过程的产品周期理论提供了坚实的基础。但技术差距论只是解释了差距为何会消失，而无法充分说明贸易量的变动与贸易结构的改变。

五、产品生命周期理论

产品生命周期理论是解释工业制品贸易流向最有说服力的理论之一。

凡制成品都有一个生命周期。在这个生命周期中，产品的创新国在开始时出口这种新产品，但随着产品的成熟与标准化，创新国逐渐丧失优势，最后变成这种产品的进口国。

产品生命周期论撇开传统国际贸易理论的前提，推出如下假设：一是国与国之间的信息传递受到限制；二是生产函数是可变的，而且当生产达到一定水平后会产生规模经济；三是产品在生命周期的各阶段所表现的要素密集特点是各不相同的；四是不同收入水平国家的需求和消费结构是有差异。

由于技术的创新和扩散，制成品和生物一样其有生命周期，先后经历了5个不同的阶段，即①新生期；②成长期；③成熟期：④销售下降期；⑤让与期。

新生期是指新产品的研究和开发阶段。在新生期，需要投入大量的研究开发费用和大批的科学家和工程师的熟练劳动，生产技术尚不确定，产量较少，没有规模经济的利益，成本很高。因此，拥有丰富的物质资本和人力资本的高收入的发达国家具有比较优势。这一阶段的产品表现出知识和技术密集的明显特征，主要供应生产国本国市场，满足本国高收入阶层特殊需求。

经过一段时间以后，生产技术确定并趋于成熟，国内消费者普遍接受创新产品，加之收入水平相近的国家开始模仿消费新产品，国外需求发展，生产规模随之扩大，新产品进入成长期。在成长期，由于新技术尚未扩散到国外，创新国仍保持其比较优势，不但拥有国内市场，而且在国际市场上均处于完全垄断的地位。

国际市场打开之后，经过一段时间的发展，生产技术已经成熟，批量生产达到适度规模，产品进入成熟期，在成熟期，由于生产技术已扩散到国外，外国生产厂商模仿生产新产品，且生产者不断增加，竞争加剧；由于生产技术已趋成熟，研究与开发要素已不重要，产品由智能型变成资本密集型，经营管理水平和销售技巧成为比较优势的重要条件。

当国外的生产能力增强到满足本国的需求（即从创新国进口新产品为零），产品进入销售下降期，在这一时期，产品已高度标准化，国外生产者利用规模经济大批量生产，使其产品的生产成本降低，因而开始在第三国市场以低于创新国产品售价销售其产品，使创新国渐渐失去竞争优势，出口量不断下降，品牌竞争让位于价格竞争。当模仿国在创新国市场也低价销售其产品，创新国的该产品生产急剧下降，产品进入让与期，该产品的生产和出口由创新国让位于其他国家。

六、偏好相似理论

一国经济增长带来的收入水平提高会使得该国的代表性需求向着某种比较昂贵的商品移动。不同国家由于经济发展水平不同，对商品需求偏好也不同。基于需求偏好相同的要素禀赋理论只能解释初级产品的贸易，而不能解释工业品的贸易。这是因为前者的贸易模式主要是由供给要素决定的，而后者的国际贸易模式是由需求决定的。国际工业品贸易的发生，往往是先由国内市场建立起生产规模和国际竞争能力，而后再拓展国外市场，因为厂商总是出于利润动机首先为他所熟悉的本国市场生产新产品，当发展到一定程度，国内市场有限时才开拓国外市场。因此，两国经济发展程度越相近，人均收入越接近，需要偏好越相似，相互需求就越大，贸易可能性也就越大，如果两个国家的需求结构和需求偏好完全相似，一个国家可能进出口的产品，也就是另外一个国家可能进出口的产品。相反，如果两国间收入水平相差较大，会使得两国需求偏好差异较大，相互之间对对方生产消费的商品没有需求，从而使相互之间的贸易难以发生。

七、人力资源说

人力资源说是用人力资本的差异来解释国际贸易产生的原因和一国开展国际贸易的模式。

劳动不是同质的，这种不同质表现在劳动效率的差异上，而劳动效率的差异主要是由劳动熟练程度决定的，而劳动熟练程度的高低又取决于劳动者受教育、培训等智力投资的影响。因此，高素质的劳动力是一种投资的结果，是过去资本支出的结果。商品生产中的资本除了包括物质资本以外，还应该包括人力资本。物质资本指厂房、机器设备、原材料等有形资本，它是物质资料投资的结果。人力资本指寓于人体中的人的智能，表现为人的文化水平、生产技巧、熟练程度、管理才能及健康状况，它是人力投资的结果，即政府、企业和个人投资于教育和培训的结果。各国人民的天赋是相近的，而人的智能差别则是后天人力投资的结果。一国通过对劳动力进行投资，可以使劳动者的素质得到极大的改善，大大提高劳动生产率，从而对该国的对外贸易格局产生重要影响。

第二节　中介贸易方式

一、包销

（一）包销的含义

包销是指出口商（供货商）通过与国外包销商（进口商）签订包销协议，给予国外包销商在一定时期和指定地区内承包销售某种或某类商品的独家专营的权利，由包销商承购后自行推销。它是国际贸易中比较常见的一种贸易方式。

在包销方式下，包销商自筹资金买入出口商提供的包销商品，自行在包销地区内销售，在经营中要自担风险、自负盈亏。包销业务中的出口商和包销商之间是一种买卖关系，即出口商是卖方，包销商是买方。但是这种买卖关系又不是一般的单方面允诺的买卖关系，而是双方权利、义务对等的售定买卖关系。包销商在承诺购进一定数量（金额）商品的前提下享有独家经营权，买卖双方都要受专买权和专卖权的约束，即在包销期间，出口商不得将包销商品向该包销地区其他商人报盘成交；包销商应保证在一定期限购买包销商品，并只限在包销地区销售，也不得经营其他国家的同类商品和代替品。包销商还有提供一定商情的义务和宣传推广商品、接受委托办理商标注册的责任。

在具体交易中，出口商与包销商根据已签订的包销协议，逐批签订具体买卖合同，规定每笔交易的数量、价格和交货期。包销商承购包销商品后，可以自行决定出售的对象，与出口商无关。从法律上看，出口商与包销商、包销商与最后买主之间的交易是两笔独立的合同，互不联系，最后买主与出口商没有直接合同关系。至于出售价格，有两种办法：一种是允许包销人自定价格，这对新开辟市场或新进入市场的商品较为有利；另一种是由出口人规定售价而给包销人回佣，盈亏各方自负，这对已打开销路的商品有利于稳价多销。

（二）包销协议

包销协议是指出口商与包销商签订的规定包销方式下双方权利和义务

的书面文件，具有法律效力，协议内容繁简不一，有时包销协议中已含有买卖合同的各项内容，出口商与包销商无须再就包销商品签订销售合同；有时包销协议则只简单地确认双方间的包销关系，在买卖包销商品时还要另签销售合同。但只要是包销协议，都应包括以下内容。

第一，写明包销协议双方当事人的名称、地址、协议签订地点与时间。明确规定双方当事人之间存在买卖关系，包销商是包销商品的买方，而不是卖方的代理。

第二，明确规定包销商品的范围。包销商品可以包括出口商经营的某一类商品，或一类商品中的某几种规格、型号的商品；也可以是出口商销售的某一牌号的商品，或某一牌号下的几种商品。但一般情况下，包销商品的范围不宜过大。在规定包销商品范围时，为避免在包销过程中对此产生异议，应特别说明以下两个问题：①如果出口商停止生产或销售包销商品，包销人能否向第三者购买商品，能否将该商品销售给包销地区以外的客户。②如果出口商开始生产或销售的新产品与包销商品属于同一类，那么该新产品是否自动被包括在包销商品的范围之中。

第三，明确规定包销地区。包销地区是出口商给予包销商独家销售指定商品的权利的地理范围。它既可以规定为几个国家，也可以规定为一个城市，其大小主要取决于包销商的特点，包销地区的市场情况、包销商品的经营能力、经营规模及其可利用的销售网络等因素。

另外，包销协议中对包销地区能否扩大应作出明确规定，在某些国家，只有在出口商同意的前提下，包销商才能要求扩大包销地区。但依照大多数国家的习惯做法，只要一定时期内包销商在原包销地区内的销售额达到了规定数量，他就有权要求扩大包销地区。

第四，规定包销期限。包销期限可长可短，具体的规定方法一般有：①在协议中规定确切的包销期限。②按照很多国家的习惯做法，包销协议中没有明确的包销期限，而只规定终止条款。例如：在协议中规定，协议双方都有权在每年年终前的规定时间向对方发出终止协议的通知。应注意的是，协议的终止条款往往将协议的终止同包销商的包销成绩联系在一起。例如：在终止条款中规定，若包销人向出口商的订购数量在一定时间内达不到双方约定的最低数额，出口人有权终止协议。③有时包销协议中既未明确包销期限，也未规定终止条款，这时按照习惯做法，协议双方都有权在合理时间内向对方发出终止通知，到约定的时间后，包销协议即告终止，由于国际上对合理时间的长度并没有统一的规定，只能根据实际情况来确定。因此，以这种方式确定包销期限时，很容易引起协议双方的争议。

第五，对专营权的规定。对专营权的规定是包销协议中最重要的内容之一，它同时包括专卖权与专买权两部分内容。专卖权指出口商在包销期限与包销地区内给予包销人独家经营包销商品的权利，而不能在这一期限内将包销商品出售给该地区的其他客户。专买权则规定包销商在包销期限内只能向出口商购买包销商品并在包销地区内销售，他既不能向第三者购买该指定商品，也不能将该指定商品任意销往其他地区。在实际业务中，对专卖权的规定往往会违反包销地区所在国家的法律，因此，在包销协议中通常单独规定专卖权，而不是将专卖权与专买权作为对流条件同时加以规定。

第六，规定包销的数量或金额。包销协议中的数量或金额对协议双方都有约束力。出口商必须保证按质、按时地向包销商提供规定数量或金额的商品，而包销商必须在一定时期内按这一数量或金额向出口商订货，否则会使出口商提出终止包销协议的要求。

第七，规定包销商品的作价方法。包销商品的作价方法通常有两种：一种是一次作价，由买卖双方在包销协议中明确规定包销商品的价格，无论包销期限内该商品的市场价格如何变动，双方均按协议价格结算货款。由于国际市场上商品价格经常出现较大幅度的变化，因此在这种作价方法下，交易双方都要承担较大的价格波动的风险。另一种作价方法是分批作价，即买卖双方在包销期限内，每隔一段时间，需要就包销商品的价格进行一次磋商，货物在哪段时间出运，双方就按哪段时间的价格结算货款，这是目前比较常见的一种做法。

第八，对宣传广告、市场报道和商标保护的规定，出口商与包销商往往在包销协议中规定，包销人有责任在包销地区内宣传包销商品、向出口商提供商情，并负责对包销商品的专利权与商标给予应有的保护，有时协议中还明确规定包销商不得制造、模仿或复制出口商的产品。至于由此发生的费用负担问题，也应在协议中作出规定。通常情况下，这些费用由包销商负担。

（三）包销方式的优点与缺陷

同通常的单边出口或单边进口相比，包销方式的优点是：①通过专营权的给予，提高包销商的积极性、经营信心和责任感，促使包销商更好地组织销售渠道和进行市场的开拓工作，从而有利于巩固和扩大市场；②通过包销协议，把一定时期的交易量基本确定下来，有利于出口商有计划地安排生产、组织货源、安排出运等；③由于是独家经营，可以避免分散经营带来的商品自相竞争的问题，稳定了包销商品的价格。

当然，包销方式也存在缺陷。包销方式本身就寓有使包销商在指定市场形成"只此一家，别无分号"的垄断地位。这种局面，一方面有助于竞争地区的加强；另一方面，在包销商力量强大的条件下，容易造成包销商反过来操纵市场和压低出口价格的缺陷。另外，如果包销商的资信或经营能力不佳，又会使包销协议的销售计划有落空的危险，可能出现"包而不销"的局面。

（四）包销的注意事项

由于包销方式有明显的优点，因此出口商应结合商品的特点与自己的经营意图，适当采用这种方法。但一定要注意选择适当的包销商。出口商在签订包销协议以前，一般要对潜在包销商的资信和经营能力进行审查。在签订协议时，应合理规定各项内容，特别是终止条款和索赔条款，以保证出口商利益。此外仍应注意的有：①在包销商品的选择上，商品的品种不能过多，包销后能稳价多销，市场情况基本了解的商品采取包销方式；②在行销的地区选择上，宜选择那些进口管制较宽，市场竞争比较激烈的地区；进口管制较严或施行进口定额分配制的地区，包销商所得的进口许可证有限，容易影响包销商品的销售；③在包销数量上，应加强调查研究，对当地市场作出正确估计，确定切合实际的包销额；④在包销方式下，双方当事人之间存在相对稳定的买卖关系，而且包销商往往已为推销包销商品作出了很大努力，因此，即使包销人在包销过程中有轻微违约，并给出口商造成了一些损失，出口商也不宜以此为借口立即宣布包销协议失效；⑤在采用包销方式前要注意包销协议是否违反了有关国家法律，若发现协议违法，就不能采用包销方式。

二、代理

代理是国际经济贸易中的常见做法，在运输、保险、广告等行业都活跃着为数众多的代理人，而全球贸易则有一半左右是通过代理商来完成的。

（一）代理的概念、种类和特点

1.代理的概念

在国际贸易中，代理是指货主或生产厂商（委托人）授权代理人代表他在规定的地区和期限内，向第三者招揽生意、订立合同或办理同交易有关的其他事宜，同时对代理人支付佣金作为报酬的一种贸易方式。代理双方属于一种委托和被委托的关系，而不是买卖关系。代理商在代理业务中，只是代表委托人招揽客户、招揽订单、签订合同、处理委托人的货物、收受货款等，并从中赚取佣金。代理商不必动用自有资金购买商品，不负盈亏责任。代理双方通过签订代理协议建立起代理关系后，代理商有积极推销商品的义务，并享有收取佣金的权利。

2.代理的种类和特点

按委托人授予代理人代理权限的大小，可将代理分为以下几种。

（1）总代理

总代理指委托人授予代理人很大权限，使其不仅有权代表委托人对外签约、独家代销商品、处理有关商务事宜，还有权代表委托人进行其他业务活动，甚至包括某些非商业性活动，由委托人对其行为后果承担责任。因此委托人在指派总代理人时都采取非常慎重的态度，往往通过代理协议，对其权力予以明确限定。

（2）一般代理

一般代理即普通代理，它是指委托人不授予代理人专营权，他可以在同一代理地区与代理期限内委托多个代理人代销其指商品，自己也保留越过代理人同买主直接成交的权利，而代理人只按代理协议的有关规定，根据自己实际推销的商品数额向委托人收取佣金。

（3）独家代理

独家代理是指委托人授予代理人在规定期限和规定地区内代销指定商品的专营权。独家代理与包销的内容非常接近。两者在商品品种、地区、授权期限、数量或金额的最低限额、专营权利以及双方的其他权利和义务等方面的限制都相同。它们的区别主要有：①独家代理与委托人之间不是买卖关系，而是委托代理关系，由独家代理在约定地区代表委托人按委托人提出的销售条件与买主洽谈交易，由他以委托人的名义或由委托人自己和买主签订买卖合同；独家代理不必动用自己的资金，只是从中赚取佣金。②独家代理不负履约责任，不承担价格上的风险，也不负责贸易盈亏；货物在出售前的所有权仍属委托人，由委托人负责贸易盈亏。③在独家代理的条件下，即使委托人越过代理人与其他客户达成交易，也应付给代理人约定的佣金。这些与包销人以自己名义购进货物然后转售出去，盈亏自负的做法，有本质区别。

在国际贸易中，还有一些承担特别责任的代理，常见的有：①信用担保代理。这种代理的责任是，当代理人所介绍的买方（即第三人）不付货款时，由代理人向委托人赔偿因此而遭到的损失。这实质上是代理人向委托人承担保付的责任，使委托人避免买方破产或赖账的风险。这种代理仅对买方的清偿能力负责，至于合同的履行，代理人是不负责任的。随着各国政府普遍设立官方的出口信贷保险机构，信用担保代理人的作用已被逐步取代。②保付代理。这是一种对第三人承担特别责任的代理，其业务是代表国外买方（委托人）向本国卖方（第三人）订货，并加上自己的保证，担保国外买方将履行合同，如国外买方不履行合同或拒付货款，该保付代理人负责向卖方支付货款。如国外委托人无理由取消订单，保付代理人在向卖方付清货款后，有权要求国外委托人偿还并要求损害赔偿。

（二）代理协议

采用代理方式时，委托人与代理人必须签订代理协议，对彼此的权利与义务作出限定。代理协议分一般代理协议与独家代理协议两种，但它们的基本内容是相似的。

1. 对协议双方的规定

代理协议除应写明协议双方的名称与地址外，还应特别明确委托人与代理人之间是委托与被委托的代销关系，代理人在为委托人代销商品时不垫付资金，不承担风险，对委托人能否按合同规定履约也不负责任，他一般只按其代销货款总额的一定比例收取佣金。

2. 规定代理商品、代理地区

这部分内容与包销协议中的有关规定相似。

3. 规定代理人的权限

对代理人权限的不同规定，是一般代理协议与独家代理协议的唯一区别。一般代理协议通常规定，委托人在代理期限与代理地区内保留与买主直接成交的权利，即代理人不享有专营权。独家代理协议则规定委托人授予代理人专营权，其具体的规定方法有两种：一是在协议中规定委托人在代理期限与代理地区绝对不能越过代理人同买主直接成交，即代理人享有绝对代理权；另一种则规定委托人保留同买主直接成交的权利，但即使交易未经过代理人，委托人仍须对其支付佣金，即代理人享有有限绝对代理权。

4. 规定代理期限与终止条款

代理期限的规定方法与包销协议相似，但是为了防止出现代而不理的问题，在独家代理协议中应规定最低成交额。若代理人在规定时间内不能达到这个最低标准，委托人可要求终止代理协议。而在一般代理协议中，对最低成交额可以不作规定。

5. 规定佣金条款

佣金条款是代理协议中最重要的条款之一，要对计算佣金的基础、佣金率、支付佣金的方法等内容做出明确规定。

第一，在代理协议中应明确是以成交额还是以实际交货额或是以收汇额作为计算佣金的基础，同时这些金额是按 FOB 价计算，还是按 CIF 价计算等问题。

第二，佣金率的高低往往取决于代理商品的特点、市场上的习惯做法与委托人的经营意图等因素，一般在 1% ~ 5%。有时代理协议将佣金率与代理人的经营成绩相联系，根据代理人代理金额的大小决定其佣金率。

第三，代理协议中应明确规定佣金是由委托人在收回货款后逐笔支付给代理人，还是定期同代理人结算，或是在代理协议终止时一次付清。目前比较流行的一种做法是，代理人将自己应得的佣金直接从付给委托人的货款中扣除。

第四，代理协议中通常规定，只要代理人在委托人授权的范围内代委托人进行了业务活动，就有权向委托人要求佣金；如果由于委托人的原因使交易未能达成，他仍要向代理人支付规定的佣金。

6. 对非竞争条款的规定

许多代理协议都规定，代理人在接受委托人的授权后，应按协议规定代销委托人的指定商品，他既不能充当其他供货商同类商品的代理，也不能提供或向第三方购买与代理商品同类的商品。

7. 对代理人责任的规定

一般规定代理人对代理商品的宣传与商标保护负有责任，并要向委托人提供相关的各种资料。由此而发生的费用一般由委托人负担，或经双方协商，由委托人与代理人分摊。

（三）代理人与委托人的义务

按有关代理的商业惯例与各国的法律规定委托人与代理人一般要分别履行以下义务。

1. 代理人的义务

第一，代理人必须努力履行职责，勤勉工作；除非得到委托人的同意或根据行业惯例，否则代理人无权对所售货物向顾客提供任何保证。

第二，代理人必须向委托人公开有关买主的必要资料，以便委托人决定是否与其成交；并不得在未对委托人公开的情况下，同时也充当买主的代理人，谋取双份佣金。

第三，除非委托人知道代理人接受他人报酬而不加反对，否则代理人不得受贿或凭借自己的地位牟取私利。否则委托人有权随时解除代理关系，或取消代理人与买主所签订的合同，或停付该合同项下的佣金，或向代理人要求赔偿损失。

第四，除非委托人的保密资料构成犯罪或严重违反公共利益，否则代理人无论何时都不能将他在代理过程中得到的这些资料泄露给第三者，或自己凭借这些资料同委托人进行不公平竞争。但代理协议终止后，委托人一般不能限制代理人使用其在代理过程中获得的技术或经验。

第五，代理人必须在代理交易中保持正确账目，将委托人的资金和财产单独保管，将为委托人代收的款项转交委托人，并按代理协议的规定或应委托人的要求向委托人报账。

2. 委托人的义务

第一，委托人必须按代理协议的规定向代理人支付佣金。

第二，一般情况下，除非代理协议明确规定，否则代理人不能要求委托人偿付推销商品时发生的各种费用。但若代理人应委托人的要求进行某种活动，并因此而发生了一些费用或出现损失，则委托人应对此予以赔偿。

第三，若代理协议未规定期限，在协议终止后，委托人收到原代理人所介绍的客户的再次订货时，仍应对原代理人支付佣金；若代理协议中规定了一定期限，在此期限之后，委托人对再次订购不必支付佣金。

（四）代理方式的注意事项

从出口商的角度看，委托销售代理可以有效地利用代理人在目标市场的社会关系、渠道、专业知识和可能提供的市场信息和售后服务，节省自己设立机构所需的人力和物力。从代理人的角度看，因只处于中间人的地位，不必承担财务风险，不需要投入大量的资金，而代理人从交易额中抽取佣金作为报酬的办法，更容易使委托人和代理人之间的根本利益一致起来，有利于双方的合作。

但是代理方式也有其缺陷：一是代理人责任很轻，如果他没有经营能力或是不尽责任，就会影响销售，价格风险也较大；二是在付佣代销的情况下，委托人的资金往往被代理人长期占用，周转较慢。因此，运用代理方式要注意以下几点：①代理和包销是两种不同的出口推销方法，必须根据不同的需要和条件加以运用。一般来说，对那些国外使用者比较分散、需要比较零星、要大力宣传才能推销，而又有需要修理、装配、更新零件等条件的商品，宜用包销方式；对国外使用者比较集中、销售数量比较大、不需要过多的广告宣传，也不需要修理、装配、更换零件等条件的商品，则以采用独家代理方式较好。②当选择包销人和代理人时，虽然都要找经营作风比较正派、有经营能力、资信又较好的商人，但对包销人应侧重资力和信用条件，对独家代理则应着重考虑经营能力和经营作风等条件。③为了防止代理人利用代理名义进行非商业性活动，必须在代理协议中订明国外代理的具体权利。

三、寄售

在国际贸易中，出卖人一般是在签订买卖合同之后才组织商品出运以履行交货义务。除此之外，也习惯于采取一些先把货物运去国外应市，以方便买主扩大销路的做法。其中寄售就是各国长期以来普遍采用的方式。

（一）寄售的概念、特点

寄售是指出口商（寄售人）先将货物运去国外，委托国外客户在当地市场上代为销售的一种委托代售的贸易方式。其具体做法是：出口商同国外客户（代售人）签订寄售合同，出口商先将寄售商品运送给国外代售人，由代售人按照合同规定的条件和办法，代替货主在当地市场进行销售。货物出售后，由代售人扣除佣金及其他费用后，按合同规定的办法汇交寄售人。

同一般的出口业务相比，寄售方式有以下特点：①在寄售方式下，双方当事人是委托关系而不是买卖关系。代理人只为寄售人提供服务并收取佣金，其责任只限于在货物抵达后照管货物，尽力推销，并依照寄售人的指示处置货物，他不承担寄售货物的任何风险与费用。②寄售方式下，卖方出运货物在先，与买方成交在后。③寄售属于现货交易，一般是在货到目的地后由买主看货成交，并可以立即提货，很受买方的欢迎。④在寄售方式下，由于寄售货物在出售前的所有权属于寄售人，因此寄售人要承担货物在出售前的一切风险和费用（包括运费、保险费、进口税、仓储费等），以及可能发生的损失。只有当货物出售后，风险及此后发生的费用才能由买主负担。

（二）寄售方式的优点、缺陷

1. 寄售方式的优点

寄售方式的优点突出表现在它是在目标市场进行的现货交易，从而带来如下好处。

第一，便于买方看货成交，而且交货迅速。交钱提货，对买主来说，可以节省开立信用证的费用及货物在运途中的费用、风险和资金积压。

第二，有利于寄售方开辟市场，促成交易，并抓住有利时机卖得好价。用寄售方式有计划地在目标市场存放一些商品，对于推销新、小商品、规格品质复杂的商品（比如不易划分等级的农、副、土、特产品、轻工业品等，很难单凭"小样"成交，只能看实物成交的首饰、工艺品等），或是已运出国外的与合同规定不符的商品等有一定作用；当这些商品的其他供应来源短缺或市场需求骤增而价格上涨时，可以及时出售现货，以扩大出口商品的市场并卖得好价。

第三，有利于扩大贸易渠道，直接和当地的批发商、零售商或实际用户建立关系，也有助于提高客户长期经营寄售商品的信心。由于寄售是一种委托买卖，受托人不承担价格变动的风险，也无须垫付资金，因此也有利于调动一些有推销能力、经营作风好、但资金不足的客户的积极性，为寄售商扩大出口服务。

2. 寄售方式的缺陷

第一，费用负担较正常出口高。出口人除了负担至目的地的运费、保险费外，原则上还要负担货物到达目的港后的卸货费、进口税、仓储费、保险费以及其他有关费用和损失。

第二，承担的风险远较一般出口大，特别是表现在销售方面和资金风险方面。在寄售方式下，代销人当然应根据寄售协议，恪尽职责，在指定市场争取按最好价格推销货物，但他对货物能否售出并不负责。如果寄售期满，货物尚未售出，或部分尚未售出，他有权如数退回交出口人自行处理。出口人要么如数运回，要么转向他地销售，要么削价在当地处理，发生的损失和费用，全部由出口人承担。即使货物已经售出，但代销人有意拖延付款，也会使出口人受损。

第三，资金周转较慢。与一般交易比较，寄售货款要在货物售出后，定期或不定期地进行结算。这种做法，比起一般在货物付运后，凭装运单据结算货款的交易，收汇时间要晚得多，这意味着要经常积压一部分流动资金。

3.开展寄售业务应注意的问题

寄售对出口人来说，既有其有利的一面，也有其缺陷。这就要求在开展寄售业务时，应当权衡利弊，审慎行事，注意下列几方面的问题。

第一，做好调查研究，弄清目标市场的商品供需情况、消费习惯、销售渠道、外贸规章制度、外汇管理、码头仓库、关税、市场管理等情况。如果能够利用商品进出口和外汇转移比较方便，对所要寄售的商品又有一定需求的自由港或自由贸易区作为寄售地，效果更好。

第二，选择适当的代销人。纵观各国的经验，代销人一般是出口人在国外的附属机构、联号或与之有密切关系的企业，或是资金雄厚、信誉卓著、经营作风优良的企业。

第三，选择适宜的商品作为寄售对象。不能把寄售视作只为推销滞销商品的贸易方式；对试销的新商品或进入新市场的老商品开始时应掌握适当的寄售数量。

第四，合理签订寄售协议，寄售协议不同于一般的销售代理协议，要特别注意如下几个方面：①对费用负担的规定。寄售费用包括进口税以及在目标市场发生的一切费用，原则上应由寄售人负担。不过，在具体做法上可以有不同的方式，如可以由代销人代垫，也可以由代销人包干，由出口人提高佣金付给率作为补偿。②对风险负担的规定。一般而言，货物销售前的货损、货差原则上应由出口人负担。但由于代销人保管不善引起的损失，应由代销人负责赔偿。③价格管理。按照国际上的习惯做法，出口人对寄售商品的定价，可以采取以下几种办法：一种是随行就市，即出口人授权代销人根据市场情况，决定售价；一种是由出口人先规定最低价格，如代销人高于最低价格售出，可得一定奖励，如必须低于上述价格售出，必须得到寄售人的同意；还有一种是出口人先不规定具体价格，由代销人根据客户给价，逐批征得寄售人的同意。此外还可采取在协议中规定固定结算价格的办法，至于该项寄售商品在目标市场上价格多少，与寄售人无关。④货款回收办法。寄售业务的货款结算，一般是通过汇付进行，为确保按期收回货款，可约定由代销人自己或由银行出具担保。

四、经销与定销

（一）经销

经销是指出口商授权经销人在一定地区销售指定的商品。经销商与出口商之间仍是买卖合同关系。经销商均自行购进商品，自行销售，自负盈亏。与一般的商品买卖不同的是，经销人可以根据经销协议在购货等方面享受一些优惠待遇。经销与包销的主要区别在于，经销商具有经销权，不具有专营权，而且出口商可以在同一时间、同一地区内选择几个经销商，分别同他们签订经销协议。

根据经销协议，出口商授权经销商在一定地区销售指定商品，双方的其他权利与义务的规定均同包销协议的有关规定基本相同。如果经销商与出口商买断卖断，可将所购商品在任意市场以任意价格出售，那么，这时的交易性质实际上就已转化为一般的转手买卖，签订经销协议就失去了意义。如果出口商只给予一家商号在某一市场上经营指定商品的权利，就是独家经销。独家经销的权限和包销基本一致，但通常情况下独家经销商没有在一定时间内完成一定销售数量和金额的义务。经销方式常被用来作为挑选包销人的一种过渡手段。

（二）定销

有些商品不宜采用独家经营的包销方式，但也不适宜于多头分散经营。在这种情况下，出口商可以在同一市场内选定几家较适当的客户，根据其经营能力，分别同他们签订一定数量的合同，如无特殊情况，出口商一般不再同其他客户成交。这种方式习惯上称为定销。定销商除不享有包销指定商品的专营权利外，其他条件基本上与包销相同。因此，同一商品在同一地区可以只有一家定销商，也可以有多家定销商。它具有包销的相对集中经营的优点，而且可以防止某些包销商"包而不销"的弊病。然而作为包销方式的一种过渡形式，正因为定销没有专营权的特点，定销商销售商品的积极性比包销商要差些。出口商则可以在定销的基础上考察定销商品的资信、经营能力、经营作风等，作为选择包销人的对象。

（三）两者的比较

经销与定销都可以作为挑选包销人的过渡手段，除没有专营权利外，其他权利基本与包销相同；均有相对集中经营的特点。他们之间的明显区别在于：经销方式没有在一定时间内完成一定销售数量和金额的义务，而定销方式则具有定期、定量销售的优点。从这点上看，定销更接近于包销。

第三节 特殊贸易方式

一、展卖与拍卖

（一）展卖的概念和种类

展卖是利用展览会和博览会的形式出售商品，将展览与销售结合起来的贸易方式。这是国际贸易中一种行之有效的习惯做法。展卖方式灵活，可由货主自己举行，也可由货主委托他人举办。在国外举行的展卖业务按其买卖方式可分为两种。

一种是通过签约的方式将货物卖断给国外客户，由客户在国外举办展览会或博览会，货款在展卖后结算。

另一种是由货主与国外客户合作，在展卖时货物所有权仍属货主，并由货主决定价格，货物的运输、保险、劳务及其他费用都由国外客户承担。货物出售后，国外客户收取一定的佣金或手续费作为补偿，展卖结束后，未售出的货物折价处理或转为寄售，也可运往他处进行另一次展卖。展卖方式按形式可分为国际博览会和国际展览会。国际博览会是一种在同一地点定期由有关国家或地区的厂商举行的商品交易的贸易方式。参加者展出各种产品和技术，以招揽国外客户签订贸易合同，扩大业务。国际展览会，当代的国际展览会是不定期举行的，通常是展示各国在产品、科技方面所取得的成就。按展览会举办的方法，可分为短期展览会、流动展览会、长期样品展览会、贸易中心等形式。当代的国际博览会和展览会不仅是一个商品交易场所，而且更多地具有介绍产品和新技术，广告宣传和打开销路的性质。参加展卖的各国商人除参加现场交易外，还大力地进行样品展览和广告宣传，以求同世界各地建立广泛的商业关系。国际博览会或展览会按内容可分为综合性的和专业性的两类。国际上著名的博览会如莱比锡、布鲁塞尔、里昂、巴黎、蒙特利尔博览会大多是综合性的博览会。

（二）展卖的作用和注意事项

1. 展卖的作用

（1）有利于宣传出口产品，扩大影响，促成交易

对一些新产品和规格复杂的商品，通过现场看样、试样、尝样以及详细介绍，可使国外客户具体了解商品的品质、规格、包装、性能、用途等情况，从而促成交易，而且可以在很短时期内成交，不必像平日那样往返函电多次联系。这对一些需要看货成交，对色彩、图案、造型或规格有严格要求的手工艺品、纺织品、服装等尤其重要。

（2）有利于建立和发展客户关系，扩大销售范围

在展卖期间，除了展出商品外，还可以和各种不同类型的客户进行广泛接触，有机会使更多的客户了解出口厂商的业务、价格水平等，从而疏通贸易渠道，扩大产品的销路。

（3）有利于开展市场调研，深入了解国外市场情况

通过在现场与客户和消费者的广泛直接接触，可以比较全面地了解到国外市场情况，国外对出口厂商出口商品的需求和对出口商品的反映。同时还可以借鉴海外厂商在产品设计、品质、花色品种和生产工艺等方面的优点和先进技术。通过直接与客户洽谈，可比较深入地了解客户的资信、经营能力、经营作风等方面的情况。这些对于出口厂商组织出口货源、安排国内生产、扩展业务联系都有很大的帮助。

2. 开展展卖业务需注意的问题

通过展卖方式开展业务，出口方付出的费用大，需办的手续较多，花费的时间和人力也较多。因此开展展卖业务时应注意：①开展展卖业务应掌

握"展销结合，以销为主"的原则。②事前尽可能通过各种途径进行必要的调查研究，分析市场、商品、客户、交易条件等有关情况，做到有的放矢。③展销的商品应有针对性，应是适销的产品，以利于在展览的过程中就地销售；不能把设计不好、款式陈旧、质量差的滞销商品推出展销。④展销的商品应有特色，尤其是在同一国家、地区的多次展销应有不同的特点，尽量避免雷同。

（三）拍卖的概念和特点

国际贸易中的拍卖是由经营拍卖业务的拍卖行接受货主的委托，在规定的时间和场所，按照一定的章程和规则，由买主以公开叫价竞购的方法，把现货出售给出价最高而又超过内定底价的买主。拍卖是一种具有悠久历史的贸易方式，是一种实物交易，其特点是：①它是一种由一定的拍卖组织定期组织的，集中在一定时间和地点买卖某种特定商品的交易方法。世界各地的拍卖组织，除国家办的拍卖行以外，基本分为两种类型：一类是由经纪人以股份公司等形式组成的、专门接受货主委托的拍卖行；另一类是由商业企业为推销商品而成立的拍卖组织；前者居多数。国际性的拍卖交易往往集中在一定的时间内进行，时间长短不一，短的一周数次，长的可达到每年一次。利用拍卖方式出售的商品往往是大宗的，而又多半是品质规格不够标准化和容易变质腐烂的商品，例如茶叶、烟草、羊毛、裘皮、香料、蔬菜、水果、海产品，以及一些贵重商品，如金银首饰、珠宝古玩、艺术品等的交易仍沿用拍卖这一方式进行。由于是特定商品的交易方式，拍卖必须在一个固定的中心市场，由集散市场或主要消费市场形成的拍卖中心举行。而由于成交数量大，尤其是一些大型的国际拍卖，集中了各个不同供应来源，各种不同品质的商品，吸引了来自世界各地的卖主和各式各样的买主，所以拍卖中心往往形成一种具有国际影响的贸易中心，通过拍卖形成的成交价格，往往被视为该种商品的"国际市场价格"，对该种商品的行市变化有重大影响，成为各国商人计算价格，洽谈交易的依据。②它是一种公开竞买、可以看货、一次确定成交的现货交易，所以竞争比较剧烈，各国商品的品质在这里相互比较，相互竞争，可以较好地实现按质论价、优质优价，而且事后因质量问题发生索赔争执的较少。③它是一种按一定的法律和拍卖的规章程序进行的交易。参加买卖的双方不需要事先磋商交易条件，但却需要详细了解和掌握有关拍卖行的章程、规则、当地市场和行业惯例等因素对成交条件的影响。

（四）拍卖的交易程序

1. 准备阶段

参加拍卖的卖方首先，把商品运到拍卖地点或指定仓库，委托拍卖行代为整理挑选，按一定的质量标准予以分级，然后按一定的数量分成若干批并加以一定的编号，拍卖行则按批或按销售额的百分比，从中收取分批费。其次，由拍卖行发出通知或刊登广告，说明商品品种、存放地点、拍卖日期和地点、欲购者可自行前去自由看货等；同时编制拍卖目录，列明商品种类、拍卖程序、拍卖条件等，在拍卖日期前 10 ~ 15 天发送给买主选择。买主在接到通知后，进行选择。正式拍卖。正式拍卖必须在预定的时间和地点进行。一般是按照拍卖目录排定的次序，逐批叫价成交。拍卖叫价的方式有三种。

（1）增价拍卖

这是最常见的一种叫价方式。它又分买方叫价拍卖和卖方叫价拍卖。买方叫价拍卖也称有声拍卖，它是由拍卖人在拍卖时宣传预定的最低价格，竞买人根据拍卖条件所规定的加码额度相互竞争加码，最后，当竞买人不再加码时，由拍卖人把商品卖给出价最高的买主；卖主叫价拍卖也称无声拍卖，它是由拍卖人逐渐提高喊价，竞买人则用各种约定手势表示接受，最后，由拍卖人把商品卖给最后打手势的买主。

（2）减价拍卖

又称作"荷兰式拍卖"。由拍卖人先喊出最高价，如无人表示接受，则逐渐降低到有人承购为止。这种方式多用于拍卖鲜鱼、蔬菜等易腐食品。

（3）密封递价拍卖

又称作"投标式拍卖"，先由拍卖人公布某批商品的估价，然后买主在规定时间内用密封信件向拍卖人提出递价，拍卖人一般是选择与递价最高的买主达成交易，并公布买主姓名。实际上，这种方式已经失去公开竞买的性质，买主无法了解所有竞买人的出价情况，能否买到货物除了决定于价格因素之外，还要取决于其他种种因素。所以，使用这种拍卖方式，对卖主来说是比较主动的。有些政府机构在处理库存物资、海关在处理货物时，也越来越多采用这种方式。

3. 成交与交货

当拍卖人连问三次"谁加价"？而无人提出新的表示时，就以击打木槌或其他习惯方式宣告拍卖成立。按英国法律，拍卖人在击槌表示接受之前，买主可以撤回其出价，但拍卖人一击槌即意味着交易已经成立，买主不得撤回其所喊出的价格，交易就算完成。于是买主开立购买确认书，说明购买的商品名称、批次、数量及价格，交给拍卖行存执。按照一般规定，买主应于拍卖结束后两个星期左右，向拍卖行交付货款，换取仓库提货单，至指定仓库提取货物，否则逾期就要另付储存、保险等费用。在拍卖完毕后，拍卖人就公布拍卖的结果，有的拍卖市场还在拍卖期间每天公布拍卖进行的情况，这些都是研究市场行情的重要资料。

（五）关于拍卖方式需说明的问题

第一，由于拍卖是公开进行的，又是由买主互相出价争购，货物只卖给出价最高的人，这就存在着买主串通，共谋压价的可能。为了防止发生这种现象，在拍卖规则中通常规定，买主得保证不互相串通压价，如若查明证实有这种现象，拍卖行可宣布交易无效，以示公允。

第二，参加拍卖的货主，一般不得参加喊价，以杜绝卖主有意哄抬价格的现象。但卖主为防止买主出价过低，被迫低价出售的危险，也可事先征得拍卖行同意，参加喊价，以便万一买主的出价达不到他预想的价格，可以自己出较高的价格，自行"购买"，从而避免损失，但这需付给拍卖行一定的手续费用。

第三，由于拍卖是看货成交的现货交易，货物在进行拍卖之前都要依一定的品质标准分成一定的等级档次，所以对品质的要求比一般贸易要高，品质达不到一定要求的货物，根本进入不了拍卖行。

二、招标与投标

（一）招标与投标的概念和特点

招标和投标是一个过程的两个方面。招标是买方或工程业主（即招标人）预先发出招标通告或招标单，提出拟购商品或拟建项目的各种条件，邀请卖方或工程承包商（即投标人）在规定的时间和地点，按一定程序对自己发盘报价的行为。投标则是投标人根据招标通告或招标单规定的条件，在指定的时间和地点向招标人发盘，争取与其成交的行为。招标与投标实际上是一笔交易的两个方面。

招标与投标同其他交易方式和订立合同程序相比，具有自身的特点。

第一，每一个投标人在投标时都不可能知道其他投标人的报价。投标人对自己的报价都高度保密，通常最终标价只有投标主持人及报表人员可以了解。招标人也不得向任何与招标无关的人和所有投标人透露所有标价。因此，投标人只能在不知竞争对手标价的情况下，按照招标文件的要求，根据自己所能搜集到的有关资料以及以往的经验，进行分析和判断，并采取适当的投标价格策略和科学的计算方法，确定自己的标价。

第二，每一投标人都只有一次投标报价的机会。投标人算标都是在高度保密的情况下进行的，一旦开标就不允许任何投标人以任何理由更改标价。也就是说，投标人可发出的投标书是没有交易磋商的一次性报盘。

第三，投标报价是一种有约束力的行为。按国际惯例，投标人一旦向招标人递交标书和报价，该标书和报价即被视为在法律上有效。为保证投标报价在一定时期内的法律效力，招标人一般要根据惯例要求所有投标人在递交标书时同时递交一份投标保证书，向招标人交纳一定数额的投标保证金。如果在投标有效期内投标人撤销其标书或报价，招标人将可按照惯例没收投标人所交纳的投标保证金，以保护招标人的权益。除此之外，对于投标人违反其保证的行为，有些国家还规定了其他制裁措施，比如暂时或永久取消该投标人在这个国家参加公共投标的权利等。

第四，投标人必须以书面形式将投标报价递交给招标人才算有效，任何口头表述都被视为无效。这是因投标报价在正式签订合同之前已被视为具有法律效力所致。

第五，招标投标业务是一种竞卖方式，一般来说，卖方竞争对于买方（招标人）是有利的，使他对于供货来源可有较多的比较和选择。

（二）招标与投标的基本程序

按照国际惯例，国际招标投标的基本程序是：招标—投标—开标—评标—决标—签订合同。

1. 招标

招标是指招标人根据自己的需要，提出招标项目和条件，向社会或几个特定的供应商或承包商发出投标邀请的行为。招标是招标人单独所作的行为。在这一阶段，招标人所要经历的步骤主要有：成立招标机构；编制招标文件，详细说明各项招标条件、投标日期、投标保证金的缴纳、投标书的寄送方法、开标日期及方式等内容；确定标底；发布招标公告或发出招标邀请；投标资格预审；通知资格预审合格的投标人参加投标并向其出售标书，组织召开标前会议等。这些工作主要由招标机构组织进行。

2. 投标

投标人在收到招标人发出的招标通告并取得招标文件后，要对招标文件中规定的各项内容进行认真的分析研究，这也是投标中最重要的环节。投标人在确有把握能按招标文件上的要求履行合同时，才会决定向招标人投标，按招标文件中的规定向招标人发出书面形式的报价，即编制投标文件，说明商品名称、规格、质量、数量、价格、交货期、付款条件或工程名称、标价、施工计划、竣工时间、施工方法、技术标准等内容，并在招标文件规定的投标截止日之前，将投标文件以邮寄方式或由专人传递给招标人。

3. 开标

开标是招标机构在预先规定的时间和地点将各投标人的投标文件正式启封揭晓的行为。开标由招标机构组织进行，但须邀请各投标人代表参加。在这一阶段，招标人要按有关要求，逐一揭开每份标书的封套；开标结束后，还应由开标组织者编写一份开标会纪要。开标有公开开标和不公开开标两种方式。

4. 评标

评标是招标机构根据招标文件的要求，对所有标书进行审查和评比的行为。评标是招标方的单独行为，由招标机构组织进行。在这一阶段，招标人所要经历的步骤主要有：审查标书是否符合招标文件的要求和有关惯例；组织人员对所有标书按照一定方法进行比较和评审；就初评阶段被选出的几份标书中存在的某些问题要求投标人加以澄清；最终评定并写出评标报告。

5. 决标

决标是购货人或业主裁决中标人的行为。决标也是招标方的单独行为，但需由购货人或业主进行裁决。在这一阶段，招标人所要经过的步骤主要有：裁定中标人，通知中标人其报价已被接受；向中标人发出授标意向书；通知所有未中标的投标人，并向他们退还投标保函等。

6. 签订合同

签订合同是购货人或业主与中标的供应商或承包商双方共同的行为。在这一阶段，通常先由双方进行签订合同前的议标，即合同谈判，就标书中已有的内容再次确认，对标书中未涉及的一些技术性和商务性的具体问题达成一致意见；双方意见一致后，由双方授权代表在合同上签名，合同随即生效。为保证合同履行，签订合同后，中标的供应商或承包商还应向购货人或业主提供一定形式的担保书或担保金。

（三）招标的方式

现行国际市场上通用的招标方式大致可归纳为以下几种。

1. 国际竞争性招标

国际竞争性招标的特点是，招标人要在为数众多的投标人中找出最理想的人选并与之成交。它又可以分为公开招标与选择性招标两种情况。

公开招标又被称为无限竞争招标，是指招标人在国内外公开发表招标通告，使一切愿意参加投标的厂商都有机会购买招标文件，参加投标。公开招标是竞争最激烈的一种招标方式，在国际招标中也最为常见。

选择性招标又被称为非公开招标、邀式招标、有限竞争招标。招标人只是有目标地向一些声誉好，实力较强或与自己有良好业务关系的厂商寄发招标通告，邀请其参加投标。这种方式下投标人较少，但中标人的履约率较高。工程项目的招标，尤其是一些技术要求比较高，比较复杂的工程项目，通常采用这种方法。

2. 谈判招标

谈判招标又称为非竞争性招标或议标，是招标人选择几家客户直接就合同条款进行谈判，并与谈判成功的客商签订合同的方式。

3. 两段招标

两段招标即综合性招标，它分为两个阶段进行。在第一阶段采用公开招标方式，待对众多投标人的投标进行初步评价后，从中再邀请几家比较理想的客商进行第二阶段的选择性招标。

（四）招标与投标的作用

招标与投标作为一种有规范的、有约束的竞争活动，有以下作用：①确立了竞争的规范准则，有利于公平竞争。招标与投标有一套严格的程序和实施方法。通过招标签订合同的项目，都必须依次经过招标、投标、开标、评标、决标和商签合同这几个基本程序，在每一个程序中又都有一定的实施准则和具体操作方法，并有一定的措施和手段保障整个招标与投标过程的公平等。②扩大了竞争范围，可以使买主更充分地获得市场利益。采用招标方式采购货物、设备或进行工程发包，招标人可广泛地向社会通告有关招标信息，吸引所有愿意投标的投标人参与投标，从而扩大竞争范围。竞争范围的扩大，竞争主体的增加，将使招标者有可能以更低的价格采购到所需要的货物、设备或付出更少的工程建设款项，从而更充分地获得市场利益。③有利于引进先进技术和管理经验。

当然，招标与投标作为一种交易方式也不是万能的。它虽然比较规范并有一定的约束力，但毕竟有些规范还不具有法律效力，因而也难免产生其他交易方式也可能产生的问题。

同时，招标采购方式所需准备的文件很多，从发布采购通告，投标人作出反应，评标到最后签订合同，一般都要几个月甚至一年以上时间。所以，招标与投标方式一般适用于那些采购数额较大，货物的技术和质量要求高的产品或工程项目。

三、交易所交易

（一）概念、特点

商品交易所是一种有组织的固定市场，是指在一定的时间和地点，按照一定的规则，进行大宗商品交易的场所。商品交易所的交易可分为现货交易和期货交易两类。在自由资本主义向垄断资本主义过渡，第一次科技革命带来资本主义生产大发展和世界市场基本形成的时期，商品交易所作为一种价格的调节器受到产业资本家、农场主和国际贸易商人的重视。他们利用在交易所的交易来转移经营中的价格风险，一些投机家则利用交易所特有的机制，将之作为投机的场所。而设立在一些重要集散市场的重要交易所，由于交易的成员来自世界各地，包括主要生产者、中间商和实际用户，所以很快地成为世界交易中心，它所形成的价格，往往被看作是"国际市场价格"，成为交易所以外交易的作价依据。

商品交易所一般由会员组成，只有交易所的正式成员才能进入交易所大厅进行买卖，他们除了自己经营外，也可以充当经纪人代非会员买卖，收取一定的佣金。在交易所进行交易时，必须按照交易所章程的规定，在规定的时间内（一般是上下午各一场），在交易所大厅，根据商品的品级或样品，以口头喊价的方式，进行"公开"交易；交易达成后，买卖双方不是当场交割实物，只是把代表商品所有权的证件予以转让，双方都要根据交易所规定的标准交纳一定比例（一般是 5% ~ 10%）的履约押金，然后在交割期到来时进行交割。由此可见商品交易所的特点：

一定要通过交易所会员或经纪人才能在交易所内直接进行交易；

买卖的商品不是看货成交，而是凭样或凭品质规格、标准成交，通过交易所交易的商品必须是品质上可以标准化的大宗商品；

商品的交易和商品的实际转移没有直接关系，一宗商品往往经过多次买进卖出，卖主和买主都是在利用不同时间商品价格涨落赚取价格差额；

商品的分等、分级以及包装等都必须服从交易所制定的标准，一切交易条件也必须服从交易所制定的标准合同的规定。

（二）现货交易

现货交易，又称实物交易，是指实际商品的即期交割。这种交易与一般贸易做法没什么区别，交易的目的是买卖实物。由参加交易所的有资格出场交易的会员（企业家、中间商、生产者）自己或代表客户，在交易所指定的时间和场地，通过公开喊价的方式进行交易。交易所对这种交易只提供场所和各种合同格式，协助解决有关交易纠纷等。

（三）期货交易

1. 概念

商品期货交易是一种通过交易所制定的标准合同，由买卖双方在交易所内达成远期分割的交易方式。买卖双方达成期货合同交易后，并没有买进或卖出现货商品的需求，也就是并没有真正实现商品的转移，卖方可以不一定到期交货，买方也不一定到期提货，他们可以在交割期届临之前，通过买进（卖出）同一交货月份、数额相等的合同，来抵消合同项下的义务，而从先后两次交易中追逐价格涨落变化上的利润。所以，期货合同交易实际上只是期货合同本身的买卖，没有涉及真正的商品，人们也就把它称作"纸面交易"。期货合同交易事先只需交纳少量押金（一般相当于合同金额的 5% 左右）和佣金，无须投入大量资金，而且方便，有利于资金周转和转移商品价格变动的风险。

2. 特点

第一，期货交易的标的物不是一般交易下的各种商品，而是各种标准合同。标准合同是指同交易所制定的内容和条款都整齐划一的合同格式。采用这种标准合同格式，除了价格和交货期两项内容需要由交易双方协商确定之外，其他条款，包括品质数量、交货地点、交货办法、支付方式和时间以及解决纠纷的办法等等，都是统一的。

第二，具有自己特殊的清算制度，并由专门的清算机构来办理清算事宜。有的交易所内没有清算所，有的则委托某一金融机构负责清算。期货合同买卖的差价并不在期货交易双方之间结算，而是通过清算所进行结算。清算所在期货合同到期前，直接以记账方式对交易者买入和卖出的合同进行对冲；只有对未能及时对冲的合同才通知交易者进行实际交割。

第三，具有严格的保证金制度。因期货交易是先成交、后清算。如果交易的一方因巨额亏损或破产而丧失偿付能力，会给另一方造成损失，并影响业务的发展，为此，交易所都规定严格的保证金制度，以确保合同的履行。期货交易中的保证金只保证交易者在交易亏损时可支付应付出的差价，而且要准备按交易所的要求随时追加。

3. 期货交易的种类

期货市场上的交易，基本上有两种类型，即实际货物的交割（这是少数）和单纯期货合同的倒手。后者从性质上看又可分为两种。

（1）投机性交易

为数众多敢冒风险的投机者根据自己对市场前景的预测，在市场上大规模地买进或卖出期货。其具体做法是投机者预期价格会出现上涨，便大量买入期货合同，待价格上涨后回抛，这种做法被称为买空或多头。如果投机者预期价格将会下跌，便在市场上大量抛出期货合同，待价格下跌后低价补进，这就是卖空或空头。投机者既没有需要保值的现货，也绝不想取得合同项下的商品，其交易目的只是为了获得交易中的价差。如果他们对价格的预测正确，往往会得到巨额利润，一旦失误，不仅要损失价差，还要损失向交易所交纳的佣金及其他各种费用。

（2）套期保值

套期保值基本做法是，实物交易的买方或卖方利用期货市场价格与现货商品价格的变化趋于一致的规律，在买进或卖出商品的同时，在期货市场上卖出或买入同等数量的期货，以使价格变动造成的商品交易的亏损能够部分甚至全部被等量而方向相反的期货买卖的盈利所弥补，从而减轻或避免价格波动给商品交易造成的损失。

就中间商而言，在他购进一批实际货物，但暂时无法脱手以前，为防止价格下跌，可以在期货市场上抛出同等数量的期货合同保值。由于期货市场价格和实际货物价格的变化趋势基本上是一致的，所以如果以后价格真的下跌，他在售出实际货物时受到的损失，就可以用在期货市场上低价回购的盈利得到弥补。相反，如果中间商与客户签订售货合同，但他手头并无存货，有待以后收购以履行合同交货义务。为了防止在收购时价格上涨蒙受损失，他可以先在期货市场上购进相等数量的期货。如果以后价格真正上涨，不得不以高价购进货物履行合同，但由于期货市场价格也同时上涨，他可以从售出以前购进的期货合同中获得利润，弥补实际货物交易的损失。

就生产者或用户而言，他们的做法与中间商可有所不同。比如：农场主为了防止其产品收获季节新货上市价格下跌的损失，可以在新货上市之前，利用有利时机抢先在期货市场按较高价格售出期货。到新货上市时，再看情况决定进止。如果新货上市后价格下跌幅度不大，他可以将产品就地销售，然后购回期货市场先期抛出的合同了结。如果新货价格下降幅度很大，他可以将货物直接运到期货市场所在地按以前售出期货的价格交货结算。究竟如何处理，取决于价格下降的客户和产地至市场的运输费用及其他费用之间的对比关系。如果是用户，他在预计价格趋向上涨而一时无法从市场上购到实际货物时，可以暂时从期货市场购入一定数量的期货合同，如以后价格上涨，不得不以高价补进实际货物，那么他因在期货市场上做了多头，就可以回抛过去购入的合同，从中获利，这样，他虽然高价购入实际货物，但因期货交易已有盈利，两者相抵，可以降低实际的购入成本。这种做法有人称之为预先保值。

应当注意，套期保值主要用于转移实物交易价格发生不利变化可能带来的风险。如果实物交易价格趋势向有利方向发展，则做套期保值不仅不起作用，反而还会起反作用，使实物交易由于价格有利变动而带来的好处，为期货交易的亏损所抵消。

四、对销贸易方式

（一）对销贸易的概念

对销贸易又称反向贸易，一般泛指进出口结合，以出口抵付进口或出口与投资相结合的一类贸易方式。作为一个概念，对销贸易出现于20世纪60年代。

（二）对销贸易的类型

1. 回购

从出口方的角度来看，由出口方先提供机器设备、技术或"交钥匙"项目给进口方，同时承诺分期回购该项设备、技术或项目投产后的产品以抵偿出口方先期出口的价款和利息。如经双方同意，也可以其他产品抵偿。从进口方来说，应用引进的设备生产出来的产品推销给出口方以偿还货款和费用，这叫回销。这是一笔交易从两种不同角度上的不同称呼。由于从进口设备、技术或项目到生产出产品，直到偿还全部贷款和利息需要有一个时间过程，所以这类交易必然要涉及中长期信贷，其时间可以是 3 ~ 5 年以至 20 年不等。

2. 互购

先出口的一方承诺用所得外汇的全部或一部分购买进口一方的商品，至于品名、数量、价格、交货期等，可以在合同中明确规定，但更多是在以后另行商定。先进口的一方必须用现汇支付货款，这种做法对先出口方有利。此外，先出口一方所作的购买承诺还可经双方同意转让给第三方执行。互购由于比较灵活，应用最为广泛。对销互购的双方签订两个合同，即先出口一方签订一个进口合同，货款以现汇支付；先进口方同时签订一个出口合同，货值占第一个进口合同的一定比例，出口后收进现汇。为了保证对销互购的实现，应在这两个合同中列述相应的约束条款，例如规定互购额占进口合同的具体比例；在支付条款中规定先进口一方留下一定比例的金额暂不支付，而等到对方（先出口方）反向购买先进口方的商品并履行合同后，才由先进口方予以付清。另一方法是规定罚规，未履行合同或未按期付款的一方需向另一方支付罚款。

（三）易货

在国际贸易中，易货通常是指买卖双方将进出口结合起来，相互交换各自的商品，从而避免向对方进行货币支付的贸易方式。易货贸易方式基本上有两种类型。

1. 狭义的易货

也称直接易货，即买卖双方各以一种能为对方所接受的货物直接进行交换，两种货物的交货时间相同，价值相等，不用货币支付，没有外汇的转移，只以单据交换完成交易。有时为了业务方便，也可确定用双方协商的某一货币来表示清算单位（易货清算单位），作为价值尺度和账面上结算的符号，但不得流通。在少数情况下，进出口货值有时很难相等，也可以变通掌握，以外汇支付尾数，结算差额，或用其他货物抵补。在直接易货方式下，交易方既要保证自己提供的货物符合对方要求，又要保证双方货物价值大致相等，因此很难找到合适的易货对手。这种易货在进出口业务中比较少见。

2. 广义的易货

也称为综合易货或一揽子易货。它是指交易双方都承诺购买对方等值的商品，从而将进出口结合在一起的贸易方式。这种方式下双方的交货时间通常有先有后，比直接易货更富有灵活性。具体做法是，交易的一方既可以以一种商品交换对方的一种或几种商品，以对开信用证方式对货款进行逐笔平衡；也可以由双方各以几种商品进行交换，在一定时间内，货款进行综合平衡。后一种情况常见于政府间订有记账协定或支付清算协定的国家间的易货，进口与出口都要以在账户上记账、相互冲抵的方式结算。只要交易双方账面余额未超过一定限度，顺差方就不能要求逆差方支付现汇，结账时，可将余额不计息转入下一年度，或由逆差方增交货物弥补。由于易货方式一般不发生现汇的收付，可以作为对外支付能力缺乏的国家扩大对外贸易，维持进口的一种手段。但易货方式下，当事人往往难以找到合适的易货伙伴，交易过程也相对复杂，加之记账易货方式下，逆差方实际上无偿占用了顺差方的资金和外汇，使交易双方都不愿积极向对方提供货物，这些都大大妨碍了易货贸易的顺利发展。

（四）对销贸易的特点

第一，交易双方的进口与出口在一定程度上互相结合，从而可减少支付外汇或不支付外汇。

第二，对销的一个合同或分开制定两个合同（进口合同和返销合同）进出口双方均可使用一种货物在一定程度上消除货币、汇率变动造成损失。

第三，对销贸易虽然具有上述优点，但也存在一些弊病。对销贸易涉及出口和进口的协调问题，合同商洽和履行期限较长，手续比一般现汇贸易复杂，对急需的设备的引进不宜应用。

第四节 技术贸易方式

一、技术贸易的基本原理

（一）国际技术贸易的概念

国际技术贸易是指不同国家的企业、经济组织或个人之间，按一般商业条件转让技术的行为。由于技术商品是一种知识，它可以存在于人们的头脑之中，又可以以书面表示或凝聚在机器设备之中，因此，国际技术贸易可以是软件技术买卖，也可以是聘用掌握技术的科技人员，或者是买卖含有软件技术的机器设备。

国际技术贸易的基本内容是知识产权，一般包括三类：一是工业产权，如专利权、商标权；二是著作权，如计算机软件；三是专有技术或称商业秘密。因此，国际技术贸易就是上述三种知识产权技术的转让或使用权许可。

（二）国际技术贸易中的常见问题

1. 价格问题

在技术贸易中，转让价格合理与否往往决定着技术转让的成败。而技术作为一种特殊的商品，与一般商品相比，其价格的确定有它自己的特点和规律，加上制约技术价格的因素很多，包括市场供求状况，技术的先进性、适用性，技术的生命周期，技术的转让次数，技术供方的开发成本和期得利润，因此，要定出合理的价格并非易事。

（1）技术价格及其构成

技术价格通常是指技术供方（卖方）向技术受方（买方）所收取的全部费用。这些费用一般包括：①研制开发成本，指研制开发这项技术所投入的人力、物力和资金的总费用；②转让成本，指发生在技术转让过程中或与转让目的有关的各种费用支出；③机会成本，指因转让技术而使供方失去在买方所在国或地区的全部或部分产品投资或销售机会而造成的可能损失；④税金，指技术供方必须依法向税务部门交纳的与该项技术转让有关的税金；⑤利润，指技术供方向技术受方提取该项技术转让后产生利润的一部分。在这里需要说明的是，由于技术开发过程的复杂性和不确定性，供方一般都没有一项技术开发费用的准确和完整的记录，而且供方往往同时开发几种技术，很难分离出某一项技术的开发成本，加上技术商品可以多次转让，因此技术供方通常把转让成本的全部和研制开发成本、机会成本的一部分作为底价。技术供方在确定技术转让的顶价最高价或称顶价时，应取此项技术的新增利润、竞争对手同类技术的最低价格和受方自我开发成本这三者中的最低者。否则，可能导致交易失败。对新增利润的提成，各个产业有很大的差异，按照国际惯例，一般在20% ~ 30%之间，这种做法称为利润分成法，简称LSLP。另外，在国际技术贸易中，买方通常并不首先开价，而由供方报价，但买方必须知道将要购买的技术的确实价值，从而确定自己的顶价和底价。

（2）技术价格的计算和支付方式

技术价格的计算和支付方式通常有现金方式和非现金方式两大类。

①现金方式

买方以现金结算和支付技术使用费的方式，可分为两种：一次总算支付。它是指技术供受双方在洽谈时一次算清技术受方应支付的各项费用并确定一个固定价格，受方按比价一次或分期付清的方式。这种方式对供方好处较多而对受方弊多利少，因此许多国家通过立法对其加以限制。

提成支付，是指按受方使用转让技术在经济上取得的成果（产量、销售额、利润等）的一定百分比来确定技术价格的一种支付方式。其特点是技术价格随使用技术的经济成果的变动而变动，而且按期连续支付，实际支付的价格总额可能会超过一次总算支付的价格。对受方来说，这种方式风险较小，且能促进供方更好地传授技术，也不必在合同一生效就先付一笔入门费。

混合支付，这是将入门费与提成费相结合的支付方式。它是指技术受方同供方在合同中约定，在收到交付的技术资料后若干天内先支付一笔约定的金额（即入门费），以后再按期支付提成费。

由于这种方式既可减少一次总算支付可能给受方带来的风险，又可减少全部按提成支付给供方带来的风险，因此，这种方式对双方都较有利。

②非现金方式

除上述现金方式外，还存在两种非现金方式：即以产品来计算支付和以转让一部分股权的方式来计算支付。以产品支付，是指在合同中规定受方以该技术生产的产品来代替所应支付的现金的方式。这种做法实际上是国际商品贸易中的"以货易货"的延伸，由于这种方式等于技术供方包销一部分产品，减少厂家推销产品的压力，又可为受方节省紧缺的外汇开支，显然对受方有利。技术入股，是指在合同中规定按转让技术的价值折成股份给供方作为技术价格的支付方式。这种做法实际上是将技术贸易变成了合资经营，不仅避免了受方直接用外汇支付技术转让费，同时使技术供方完全介入技术的使用、消化吸收和生产经营活动中去。因此，这种方式对受方的益处是显而易见的。

（3）现金支付的辅助条款

在实际谈判中，技术转让的双方根据现金支付执行中可能出现的漏洞和争议，一般在合同中规定以下一些辅助条款。

①最低提成额

最低提成额是指在合同中规定一个最低限度提成费的金额。若按产量、销售额或利润计算的提成额低于最低提成额时，受方有义务补足此项差额；如果高于此项最低提成额时，受方仍须按规定的办法支付提成费。这显然是供方保障自身利益的一种做法。

②停止合同和改变合同执行条件

为进一步保障技术供方的利益，双方可协商规定，如受方未能按期支付使用费时，供方有权终止合同或改变某些合同条款，如把独占性转让改为非独占性转让等。这种改变会给技术供方提供新的收益的机会，但也可能给受方造成市场竞争和销售上的损失。

③按公平市场价格计算销售额

所谓公平市场价格是指当时的国际市场价格，即以技术受方向其无关系的第三方销售产品的报价或成交价。在计算销售额时，供方应注意受方是否有将产品售给有特别关系的子公司，因为跨国公司的内部转让价格大大低于国际市场价。

④最高提成额

最高提成额是指在合同中规定一个最高提成金额。若按照合同规定的方法计算的提成额超过最高提成额，则受方只需支付最高提成额即可。此项规定对受方有利，可以鼓励受方有效地使用引进技术，以获得更大的利润。

⑤递减提成率

递减提成率是指随着合同技术产品的产量或销售额的增加，提成率随之降低。这个条款对供受双方均有利，对供方来说，虽然提成率在递减，但提成的基数在增加，其总收益反而会不断增加。对受方来说，不因增加生产和销售而增加提成费，因而更能调动其生产和销售的积极性。

⑥滑动提成

滑动提成是指当合同规定以提成办法计算技术使用费时，若支付时计价货币贬值，则对提成额作相应调整，对供方来说，实质上是一种保值措施。

2. 税费问题

国际技术贸易的税收主要涉及所得税与流转税两大税种。对供受双方所遇到的税费问题，主要是预提税或双重征税问题。因此，在合同中要明确规定当事人各自对税收负担的责任，并做出符合有关国家税法和国际惯例的安排。

（1）双重征税问题

对技术转让使用费的税收，多数国家采用预提所得税的征收方式，即技术受方国家先将所得税从许可使用费中扣下来，再将余额支付给供方。尽管受方国家已预提了所得税，供方仍须向本国政府交纳所得税，这样就产生了双重征税的问题。技术供方为了确保自己税后的实际收入，就会相应提高技术价格，把税务负担转嫁给受方，这无疑提高了受方利用该项技术的成本，降低了引进技术的效益。而技术价格的提高，也削弱了供方在技术市场的竞争能力。显然，双重征税不利于国际技术贸易的发展。为了解决双重征税问题，可以通过国家间缔结"避免双重征税协定"。

（2）拟定税务条款时应注意的问题

第一，订立税费条款时要知己知彼，即不仅要熟悉本国的税法规定，而且要了解对方国家的税法规定，包括两国间税收协定的规定。这样才能了解合同双方的税负，在签订合同时有理有据。

第二，在合同中应对供方和受方的纳税义务做出明确规定。其原则是：供受双方都必须按照受方国家税法规定承担各自需缴纳的税费。

第三，若对供方实行税费减免优惠待遇，必须按照受方国家的法定程序办理，任何企业都不能自行决定给予税收减免。

3. 技术贸易合同中的限制性条款及处理

在国际技术贸易中，供方为了垄断技术和市场，或在合同中向受方提出某种不合理或限制性的条件和要求，国际上对这种不合理的、有碍于商业活动正常进行、影响有关国家的科学技术和经济发展的条款，统称为限制性条款。限制性条款按其性质可分为两类：一是直接有损于受方国家的主权和经济利益的条款，对这一类条款，受方国家的法律往往有强制性规定，禁止任何企业接受，故称为强制性条款或刚性条款；二是受方国家的法律没有强制性规定，受方权衡利弊后决定是否能接受的条款，称为非强制性条款或弹性条款。

（1）限制性条款的内容

限制性条款的内容很多，而且表现形式多种多样，各国的理解和法律规定也不尽一致。

（2）对限制性条款的处理

在签订国际技术贸易合同时，原则上不应订入限制性条款。但是，为了加速提高受方国家的技术水平，鼓励和吸引外国企业向受方国家积极输送技术，对某些非原则性的限制性条款，可以按"据理力争，灵活掌握"的原则进行处理。具体来说，对限制性条款的处理要注意以下几点：①合同中凡有妨碍受方国家的基本利益的强制性条款，应从严掌握，不经国家有关部门批准，不得签订。②对受方国家法律未作明确规定的限制性条款，可以根据受方之需要与利弊关系，灵活掌握。一般情况是，经济和社会效益突出，或者是独家经营，独占许可技术，或有特殊需要的技术，或合同期限很短的，可以从宽掌握。否则，不应接受。③应该警惕供方采取迂回曲折或变相手法从受方获得不合理的效益，如由于受方的技术能力和工艺水平的限制，在引进技术时需附带其他技术、技术服务、原材料、设备或产品。在此种情况下，供方往往采用一揽子交易的办法，附带的技术、设备或其他物料的要价大大高于国际市场价，且不易被受方发觉。此时，受方应采取合同标的分项作价的方法，认真分析比较供方各项要价，并考虑价格与交货期的关系。考虑汇率、利率、时间等影响价格的因素，同时确定合理的需要量与时间，一旦自己能解决，就不再向供方购买。

二、技术贸易的形式

国际技术贸易往往把无形的技术知识与有形的商品贸易、工程项目等其他贸易方式结合起来，形成了许可证贸易、工程承包、合作生产与开发、技术咨询与服务四种主要形式。

（一）许可证贸易

1.许可证贸易的含义和特点

许可证贸易又称为许可贸易，是指技术的供受双方通过许可证协议或合同就专利、商标和专有技术使用权等内容的转让而达成的、规定双方各自的权利和义务的技术交易行为。许可证贸易不同于一般的商品贸易，其贸易对象是无形的技术，而不是有形的商品；受方取得的只是技术使用权，而不是货物的所有权；许可证贸易是一种长期进行合作的交易，而不是简单的货物买卖关系。

2.许可证贸易的种类

许可证贸易的种类很多，按许可对象，许可证贸易可以分为专利许可证贸易、专有技术许可证贸易、商标许可证贸易以及混合许可证贸易四种类型。如按供受双方对许可证技术所享受的权限，许可证贸易可分为以下六种类型。

（1）独占许可

即在合同规定的地域和时间内，受方对引进的技术享有独占的使用权，供方和任何第三方都不能使用该项技术制造和销售产品。

（2）排他许可

即在合同规定的地域和时间内，供方和受方均对许可证项下的技术享有使用权，但排除了任何第三方对该项技术的使用权。

（3）普通许可

即在合同规定的地域和时间内，受方享有转让技术的使用权，但供方可以向多家买主转让该项技术，同时供方自己也保留该项技术的使用权。

（4）可转让许可

又称分许可，是指在合同规定的地域和时间内，受方有权以自己的名义将所购技术的使用权转让给任何第三方。第三方与原供方无合同关系，但原受方要对原供方负责。

（5）反馈许可

指供方要求受方在转让技术的

使用过程中进行改进和发展的部分反馈给供方。

（6）交换许可

也称交叉许可，是指技术转让的双方以价值相当的各自拥有的某项技术的使用权进行互惠交换，供对方使用。双方的权利可以是独占的，也可以是非独占的，一般都互不收取费用。在上述六种许可证贸易类型中，主要是前三种属许可方式，后三种属派生许可。从供方对同一转让技术的要价来看，采用分许可的方式价格最高，独占许可次之，排他许可第三，普通许可和反馈许可要价通常较低。从许可方式的选择来看，一般情况下，供方多愿出售非独占许可，这样更灵活，收入也可能更多，而受方则多愿获取独占许可，以便在规定地域内占有更多的市场份额。至于在实际业务中供受双方具体选择哪一种类型的许可证贸易，还要取决于潜在市场的容量、技术的性质、价格以及双方当事人的意图等因素。

3.许可合同及其主要条款

许可合同又称为许可证协议，是指在一定条件下，技术供方许可技术受方使用某种技术所签订的契约。它是按照有关法律和国际贸易惯例，经过磋商所形成的书面文件。许可合同因贸易方式和技术内容的不同，其结构和条款内容也有所不同，但合同的形式和一般的条款内容则大同小异，在一般情况下，许可合同应包括下列条款。

（1）合同名称及其编号

合同名称应能确切地反映合同的性质、特点和内容，如专利许可合同等。为便于立卷归档、查阅和合同执行，合同都有其特定的编号。

（2）序言

序言是合同开头的导言性的条款，它包括合同当事人的法定名称和地址、签约时间和地点、鉴于条款等内容。其中鉴于条款主要用于说明合同双方当事人的背景、签约理由、目的、意图和愿望，陈述供方转让技术的拥有状况及其合法性等。

（3）关键词定义

为了使合同条款清楚、准确地表达双方达成的一致意见，对合同中所涉及的一些重要的或供受双方容易引起争议的关键词或概念如专利、专有技术等应作出明确定义。

（4）技术内容和范围

此条款是合同的核心条款，是供受双方权利和义务的基本依据。此条款应明确规定供方提供技术资料的详细内容，并列明清单；同时规定许可技术的使用领域，产品的制造使用和销售区域；至于合同技术的具体指标，可以专设一个合同附件，规定合同技术的具体系列、型号、规格和所要达到的技术性能指标以及质量、产量、废品率、材料利用率、能耗等指标；

（5）技术价格与支付

（6）技术服务与协助

这一条款应说明技术服务与协助的目的、范围、内容并详细规定履行的条件及承担的费用等问题。

（7）技术资料的交付

本条款应规定供方交付技术资料的时间、批次、地点和交付方式；如未能按期交付资料或技术资料短缺和损坏时，供方的责任及其处理办法；资料交付前后供方应提供的单据；技术资料使用的文字及度量衡制等。

（8）机械设备的交货

在软件连同机械设备或物料的许可交易中，机械设备或物料的买卖属于有形商品买卖，通常按照国际货物买卖的习惯做法办理交货事宜。

（9）考核与验收

本条款主要包括技术资料的检验、技术产品质量的检验和附带的机械设备的检验。其中对产品考核检验的内容、标准、时间、地点、次数、方法和所使用的器具，以及双方的责任、考核结果的处理和费用负担等应做明确规定。

（10）技术的改进与发明

本条款应明确技术改进与发明的所有权应属于实现改进或发明的一方；

供受双方向对方提供技术改进和发明应该是互惠的，其权利和义务应该是对等的。

（11）保证与索赔

本条款主要用以保证受方的利益。因此，要求供方保证其转让的技术是有效、合法的；同时保证按合同规定提供实用的技术。否则供方应赔偿受方的损失。

（12）保密

技术交易中涉及专有技术的许可使用或专有技术许可合同中，都有保密条款。其内容包括：①供受双方对供方技术特征保密，保密期限一般由供方决定。②供方对受方在实践中得到的技术特征或生产经营秘密给予保密，期限由受方决定。

（13）工业产权的侵权

为了维护受方的合法权益，本条款应明确规定：若受方因使用合同技术而发生了侵权行为，或任何第三方未经许可使用合同技术，或供方违约侵权，供方都应负责承担一切法律和经济责任；

（14）税费

（15）不可抗力

即不可抗力事故发生后的免责条款。其内容主要是规定不可抗力事故的范围；发生不可抗力时双方应采取的行动和措施，提出消除其后果的建议。

（16）争议的解决及适用法律

这一条款主要规定解决争议的方式并明确选择何种法律作为合同的管辖法。此外，还有合同生效期限和终止、合同文字与签字、合同附件等条款。

（二）工程承包

1.国际工程承包的含义和特点

国际工程承包是指一个国家的工程发包人或业主（政府部门、企业或项目所有人）委托国外的工程承包人负责按规定的条件完成某项工程任务的一种技术贸易方式。由于国际工程承包是一种综合性的国际经济合作方式，它不仅涉及不同国别的当事人，而且涉及技术、设备、资金、劳务等诸多因素，因此它具有以下特点。

（1）工程项目的当事人多

其当事人不仅涉及发包和承包双方，而且涉及分项工程的承包人和监理工程师及其代表。

（2）工程内容广泛、复杂

一个工程项目从筹备到完成需要涉及勘查、咨询、可行性研究、工程设计、谈判签约、设备和原材料供应、人员培训、施工、安装、调试、移交和善后处理等多项工作，以及购买、运输、保险分包、技术转让等多项商务内容，关系复杂。

（3）技术水平高

它不仅涉及工程项目设计施工、安装等活动中使用的专门技术、管理经验和操作技能，更重要的是涉及工程项目本身的技术含量和水平。因为目前各国所引进的项目，一般都是中、高级大型成套设备、工厂，或者是高新技术密集型工程项目。

（4）项目营建时间长，占用资金多

大型工程项目涉及环节多而复杂，因此营建时间短则 2 ~ 3 年，长则8 ~ 10 年。时间长加上需要的设备多而复杂，必然需要占用大量的资金。

（5）高风险和高收益

由于营建时间长，在承包期内，项目所在国的政治经济和自然条件都可能发生变化，这样项目当事人都要承担较大的风险。当然，投资额大也会给承包者带来丰厚的利润。

2. 国际工程承包的方式

工程承包的具体方式很多，可以归纳为统包和分包两种方式。

（1）统包方式

即是对一个工程项目建设的全部内容，包括工程技术、技术设备和劳务全部承包的做法。根据统包程度的不同，具体又可分为以下 3 种：①半统包，指的是承包人负责从方案选择、规划、设计、施工直到人员培训与指导等全部工作的工程承包。工程完工后，经过试车，机器运转正常，符合合同标准，即可移交发包人。承包方不承担产品的试产责任。②交钥匙工程承包，是指承包人不仅要完成半统包工程承包的任务，而且在工程完工后，还要经过试车和一段时间的运转，确认产品质量、产量与原材料、能源消耗都达到合同规定的指标，才算全部履行了合同，并将工程项目移交发包人。③产品到手承包，指承包人完成了交钥匙工程承包中的全部任务后，还须保证在项目投产或工程使用后一段时间（2～3年）内，继续负责技术指导、职业培训、设备维修等任务，直到发包方能生产出符合合同规定的质量和数量产品为止。

（2）分包方式

即对工程项目的各部分内容分别承包，一般是对技术、材料设备、劳务分别承包。分包方式可以由工程业主将一项工程分为若干部分，分别与各承包人签订合同；也可以由一个承包者将全部工程包下来，再将各部分分包给其他承包者，分包者与招标方不发生直接关系，工程项目由统包者承担全部责任。

3.国际工程承包合同的主要内容

由于国际工程承包在业务范围、技术水平、组织管理、劳务质量、承担责任和风险等方面比单纯的劳务输出要复杂得多。这样，其合同的内容也十分复杂，合同的主要内容如下。

工程项目的名称、构成、地点、范围等；发包人与承包人的权利和义务；承包的方式、工期、施工场地交接、工程变更等；工程施工与安装方案、技术规范等；技术资料、图纸使用与保密等；工程技术保证、质量保证、性能保证等；工程项目设备的提供；履约保函与保证金；价金计算与支付方式，以及付款保证；罚款与违约金；工程保险、工人及社会福利保险和索赔；施工人员及施工机械出入境规定；工程项目原材料的提供；工程项目监理工程师的职权范围；合同的修改、终止以及不可抗力、争议解决和适用法律等。

（三）合作生产与开发

1.国际合作生产与开发的含义、特点

国际合作生产与开发是指不同国家或地区的企业之间根据共同签订的协议，在某项或几项产品的生产、销售或开发上采取联合行动的经济合作和技术转让的综合方式。其特点如下：

合作生产与开发是将技术相互转让与货物买卖融为一体的综合方式。它既不同于单纯的技术转让，又区别于一般的货物买卖。在同一合作生产与开发合同中，供方可能是某一技术的受方，受方也可能是某一技术的供方；

合作生产与开发的当事人往往涉及面广。除合作双方当事人外，还涉及参与制造的工厂及其产品的最终用户；

合作生产采取双方各自生产、分别核算制，而合作开发则由双方共同研制，共享研究的成果和经济利益。

2. 合作生产与开发的基本形式

第一，当事人双方共同出人力，提供技术资料和仪器设备进行开发，然后分别生产不同的部分，由一方或双方组装成品出售。

第二，由技术较强的一方提供技术资料、仪器设备、关键部件和图纸，技术较弱的一方协助研究，并在技术较强一方的指导下，生产次要部件并组装成品出售。

第三，双方签订长期合作生产与开发合同，由一方提供技术资料和仪器设备、生产技术，按照各自专业分工研制某种零部件或生产某种产品。对供方所提供的技术和仪器设备要按技术转让和买卖关系处理。

3. 合作生产与开发合同的基本内容，合同内容一般包括如下：

定义条款；合作生产与开发的范围；双方的责任和义务；技术服务；技术资料的交付；机器设备、配套件和工具的交付；计价与支付；销售合作；税费；保密与侵权；不可抗力；仲裁；合同生效、期限、终止等。

其中合作生产与开发的范围要说明合作生产与开发的性质和内容，以及合作生产的产品的名称、规格、质量、数量、交货日期等。销售合作条款包括合作产品的接收条件。销售范围、销售价格和商标等内容。

（四）技术咨询与服务

1. 技术咨询与服务的概念

技术咨询与服务是指技术供受双方通过签订协议或合同，由技术供方就某项工程技术项目、人员培训、经营管理和市场营销等方面向技术受方提供咨询或传授技术、经验的一种盈利性服务。

2. 技术咨询与服务合同的主要内容

（1）技术咨询与服务的性质与内容

其中内容部分包括技术培训；技术设备的选择、购买、安装、调试、维修、性能研究；工程项目可行性研究、工程设计、工程管理；行业规划、企业管理、生产方案、市场营销策略等。更详细的内容、技术指标和参数通常专设一个合同附件。

（2）技术咨询与服务的要求和形式

其主要规定供方完成咨询与服务的要求和期限，派遣专家的人数、专业和级别，应提供的资料、最终报告、图纸、计算数据、最终审查验收的办法，受方选送培训人员的数量、培训时间、地点、方式以及培训后达到的水准等。

（3）受方的义务与责任

主要规定受方为供方专家提供必要的工作条件、生活待遇及必需的技术资料等。

（4）技术咨询与服务的收费和支付

主要规定收费内容、计费方法和支付方式三部分内容。

收费内容包括专家费，按技术服务的时间与工作量计收的费用，直接费用（即专家出国准备费、差旅费、通信费等），间接费用（即支付给技术公司或咨询公司的管理费用）以及交付给技术公司或咨询公司的酬金等。计费方法可以按专题项目确定一个固定金额，也可以按时间或工作量计算，还可以按工程费用百分比计收咨询与服务费。支付方式主要规定支付货币、支付时间及支付的凭证（包括商业发票、汇票和空运单等）。

除了上述内容外，合同中还应包括定义、税费、违约处理、争议与仲裁、不可抗力、合同的修改、生效、期限、终止等条款。

第五节 服务贸易方式

一、服务贸易概述

（一）服务贸易的概念和特点

1. 服务贸易的概念

国际服务贸易又称国际劳务贸易，是指国与国之间以非实物形式进行各种服务的提供与接受的交易活动。这一概念有狭义和广义之分。狭义的国际服务贸易是指发生在国与国之间的符合严格服务定义的直接服务输出和输入活动。主要是指传统形式的国际劳务贸易，包括运输、通信、金融、保险、旅游、医疗、有票房收入的文化艺术和体育交流、跨国界的佣工等。广义的国际服务贸易除了传统形式的服务贸易之外，还包括提供者与使用者在没有实体接触情况下的跨国交易活动，如技术服务、专利买卖、软件设计、工程设计与承包、信息咨询服务、广告、租赁、会计和法律服务等。需要说明的是，关于服务贸易这一概念的具体内涵，至今还没有一个被各国所普遍接受的定义。正因为对服务贸易的内涵认识不一，所以，各国对此都有自己的统计范围和口径，因而世界服务贸易统计尚缺乏一致和系统的详尽资料。

2. 国际服务贸易的特点

与国内货物贸易相比，国际服务贸易有以下特点：①国际服务贸易属于无形贸易，没有具体的形态。服务购买者在消费或接受服务前难以把服务当作一般商品去了解和判断。②国际服务贸易一般具有"兼容性"和"不可储存性"。服务是活劳动，是一种运动形式，不能像货物那样进行储存，不能离开劳动过程而独立存在，因此，它要求生产、交换、消费具有同一性。服务的提供过程和消费过程是重合为一的。③国际服务贸易反映在各国国际收支表中，但却不反映在海关的进出口统计上。服务的输出输入不能由海关直接监督，因而有关国际服务贸易的管理和调节不能通过关税及其他海关法规来进行，而是通过国内立法来管理和调节的。

（二）国际服务贸易的内容与分类

根据世界贸易组织的服务贸易协定，服务贸易的项目通常分为如下：

国际运输；国际旅游；跨国银行、国际融资公司及其他金融服务；国际保险和再保险；国际信息处理和传递、计算机及资料服务；国际咨询服务；建筑和工程承包等劳务输出；国际电信服务；广告、设计、会计管理等项目服务；国际租赁；维修和保养、技术指导等售后服务；国际视听服务；教育、卫生、文化艺术的国际交流服务；商业批发和售后服务；其他官方国际服务等等。

（三）国际服务贸易方式

1. 单纯的服务贸易方式

单纯的服务贸易方式是指服务的进口方在接受服务出口方提供的服务之后，以双方约定的货币支付服务费用，服务活动下与其他交易或信贷活动相结合。这种方式可以有如下几种情况。

（1）根据提供服务的主体不同

可以分为：①企业或有组织的团体提供的服务。②个人提供的服务。

前者如出口国的航运公司为进口国的公司提供货物运输服务；后者如出口国个人到进口国某企业去任职，或到某个家庭作厨师、保姆等生活服务工作。

（2）根据提供服务的地点不同

可以分为：①在进口国提供服务，如跨国佣工、艺术演出等。②在出口国提供服务，如旅游服务，接受外国患者就医，接受外国留学生等。③在进口国和出口国都要提供服务，如货物运输、旅客运输、通信业务等。

2.混合的服务贸易方式

即与其他交易活动相结合的服务贸易方式。

（1）服务贸易和商品贸易相结合

这种伴随着物质产品一起转移的服务贸易方式主要有以下几种：①以物质产品作为服务的载体，以提供服务的方式支付进口商品的价款，如来料加工、来件装配业务。②服务进口方用商品货物支付服务出口方的服务费用。③服务进口方在接受出口方服务的同时也接受一定数额的商品货物的进口，如技术专利许可和技术服务与成套设备组合的交易。

（2）服务贸易与信贷或投资相结合的方式

这种服务贸易方式包括补偿贸易、租赁贸易、工程承包中的延期付款、外国公司带资投标等。

（四）服务贸易总协定

随着世界经济的发展，国际服务贸易的不断扩大，各种贸易壁垒对服务贸易的阻滞作用日渐明显。由于以往关于国际服务贸易壁垒的谈判都是在一些国际性行业组织的主持下进行的，其服务贸易政策的协调具有以双边和区域协调为主要形式和以行业为主的特点，存在着明显的局限性。特别是在国际服务贸易发展迅速，各国服务贸易领域摩擦日益激烈的情况下，急需出台一部能得到世界大多数国家普遍承认并囊括所有服务项目的国际协议。

二、旅游贸易

（一）旅游贸易概述

1.旅游贸易的概念

旅游，简单地说就是以游览为目的旅行。旅游活动反映的关系很广，既包括旅游者同自然社会的关系，又包括人们之间的相互关系。旅游贸易就是以旅游活动为基础、旅游企业与旅游者之间进行旅游产品交换的活动。

旅游企业是旅游经济活动的基本单位，它是从事旅游经营活动的经济组织，主要包括旅行社、旅游饭店、旅游交通公司以及旅游服务公司等。旅游产品的概念与一般产品的概念不同。旅游产品是指旅游者购买旅游活动过程中所需要的产品和服务的总和。它包括旅游者从离家开始旅行，到结束旅行回到家中这一全过程中的内容。一般来说，旅游产品由三个部分组成：①产品的核心部分，即经历；②产品的外形部分，即特色、风格、质量、声誉等；③产品的辅助部分，即优惠条件，推销方式等。

2. 旅游贸易的特点

（1）旅游贸易的经济——文化性

经济——文化性是旅游贸易的突出特点，二者密不可分，旅游贸易，既可以说是文化性的经济活动，也可以说是经济性的文化活动。旅游贸易的经济性主要表现在旅游广告的经营上，旅游贸易所提供的产品和服务也受商品生产和商品交换等一系列经济规律的支配。而旅游贸易的文化性，则表现在文化作为一根主线，贯穿旅游消费和旅游供给的全过程。

（2）旅游贸易的综合性

旅游贸易与各种社会经济活动互为条件，互相依赖，综合成为一个整体。旅游活动中的食、住、行、游、购、娱等是融于一体的综合性服务。旅游产品是由旅游资源、旅游设施与旅游服务等构成的综合体。在整个国民经济活动中，旅游贸易既与工业、农业、商业、交通运输、邮电通信、建筑业、城市建设等部门的经济活动有密切关系，又与文化、教育、卫生、金融、园林等部门联系在一起，涉及经济、政治、文化等方方面面，构成综合性的社会经济活动。

（3）旅游贸易的季节性和敏感性

由于自然条件对旅游资源自然景观的影响，以及旅游者休假时间的约束等，旅游经营活动具有明显的季节性，存在显著的旺季和淡季。而且，由于旅游贸易具有综合性特点，因此，要求与旅游贸易相联系的各部门必须协调发展，一旦某一部分脱节，旅游贸易就会受到冲击，从而具有敏感性强的另一特点。

（4）旅游贸易的涉外性

旅游包括国内旅游和国际旅游，国际旅游是一个国家的居民到另一个主权国家去进行的旅游，包括国内居民出口旅游和外国人来国内旅游两部分。由于要跨越国境，国际旅游因其涉及出入境签证、报关、验关、兑换外币等问题而具有涉外性。

3. 旅游市场的种类

按照不同的划分方法，旅游市场大致可归纳为以下几种。

（1）以地域来划分

有世界旅游市场和区域旅游市场。世界旅游市场是一个以全球为范围的统一市场。目前，除少数国家和地区外，世界上绝大多数国家或地区都参加了该市场的交易活动。区域旅游市场是世界旅游市场的进一步分割。根据世界旅游组织的分类，全球可分为欧洲旅游市场、美洲旅游市场、非洲旅游市场、西亚旅游市场、南亚旅游市场、东亚与太平洋地区旅游市场。

（2）以国界来划分

有国际旅游市场和国内旅游市场。国际旅游市场是指国境线以外的旅游市场，包括外国人的入境旅游和本国人的出国旅游。国际旅游市场的营业额直接关系到一国外汇储备的增加或减少。国内旅游市场是指国境线范围以内的旅游市场，该市场只会对国内商品流通和货币回笼带来影响。

（3）根据旅游产品质量和旅游需求者的经济状况划分

有高档旅游市场、中档旅游市场、经济旅游市场。

（4）根据旅游目的不同

有观光旅游市场、公务旅游市场、放假旅游市场、商业旅游市场、文化娱乐旅游市场等。

（5）根据旅游组织形式不同

有团体旅游市场、个体（或散客）旅游市场。

4. 旅游贸易的主要环节

旅游贸易也就是旅游产品的交换过程。这一过程包括旅游产品的购买和销售两个主要环节。前者的主体是旅游者，后者的主体是旅游产品的经营者。在旅游产品购买这一环节中，还可进一步分为旅游产品购买的发生和旅游产品购买的方向两个次环节。旅游产品购买的发生指人们购买旅游产品条件的形成。旅游产品购买的方向指旅游者选择购买哪一类旅游产品和哪一个旅游目的地的旅游产品。在旅游产品销售这一环节中，也可进一步分为旅游市场推销与提供旅游服务两个环节。旅游市场推销是指旅游供给者通过对旅游市场的调查和预测，进行旅游广告宣传、公关等有关的推销活动，以开辟客源。提供旅游服务是指向购买旅游产品的旅游者直接提供的旅游服务，包括吃、住、行、游、购、娱等方面的服务。旅游产品的购买和销售之间，是通过销售渠道连接的。旅游产品的销售渠道可归纳为直接销售渠道和间接销售渠道。旅游贸易，特别是国际旅游贸易一般是通过间接销售渠道实现的，即在两个基本环节之间，又介入了一个中间环节——旅游中间商。

（二）旅游市场推销

1. 市场调研、科学预测

旅游市场的调研和预测的主要目的，就是为了寻找理想的客源市场（包括实际的和潜在的），主要是通过系统地收集、整理、分析和解释旅游产品在旅游市场里的各种数据，分析客源流动的规律和变化发展的趋势及其影响，为选择市场经营策略准备依据。

旅游市场调研、预测的步骤及方法与其他商品市场的调研和预测基本相同。其调研和预测的内容主要包括以下十个方面：①确定旅游市场的特点；②测定旅游市场的潜力；③旅游市场的分析；④旅游产品销售分析；⑤旅游产品销售趋势分析；⑥旅游目的地在旅游市场中的竞争情况；⑦旅游市场短期预测；⑧旅游新产品在旅游市场上的反映；⑨旅游市场长期预测；⑩旅游价格研究。

2. 宣传推销

旅游宣传是旅游推销的先导，具有传递旅游信息和诱导旅游消费的作用，其本质是参与国际市场竞争，争取客源。旅游宣传的形式主要有几种。

（1）广告宣传

主要是通过各种媒介向人们介绍旅游资源、旅游设施、旅游服务质量、旅游服务项目和价格等，开辟新的市场，开拓新的客源。

（2）导游宣传

导游人员是旅游经营者和旅游者之间的纽带。导游人员运用生动的语言对广告宣传的内容进行强化和补充是导游宣传的基本功能。

（3）综合宣传

旅游展览和驻外办事处的宣传是综合的直接对外宣传形式，它可以把文字、声像，实物、模型和口头讲解融为一体，形成强大的宣传形势、效果显著。

（4）无声宣传

这是指包括食、住、行、游、购、娱等各个环节的服务工作质量带来的无声的影响。它是一种提高旅游信誉，扩大旅游影响，树立形象的最有权威的广告。

3.组织客源，签订合同

外联，是具体组织并落实客源的途径。通过同外地、外国旅行社的联系招来顾客，或组织旅游团，或组织散客，并对组织客源进行谈判，在达成协议后，以合同形成予以落实。

（三）旅游服务

从事旅游贸易除了要有旅游资源外，还必须有足够满足旅游者食、住、行、游、购、娱等要求的旅游设施和提供相应的服务。由包括旅游交通运输设施、旅游膳宿设施、旅游娱乐和商店设施等在内的旅游设施和旅游服务构成了一国或一地区旅游接待的能力，同时也决定了该国或该地区旅游贸易发展的速度、深度和广度。在这里，无论是吸引旅游者的旅游资源，还是接纳旅游者的旅游设施，都只是进行旅游贸易的客观物质条件，而旅游服务则把这些客观物质条件变为现实的旅游产品，满足旅游者的需要。

旅游服务具体如下。

1.准备性服务

主要是各种委托代办服务，包括代办护照、签证、货币兑换、预订客房以及情况介绍等服务。

2.住宿服务

按合同规定提供一定规格、一定等级和类别的旅馆及旅馆内应有的各项设施服务。

3.饮食服务

包括所住旅馆内部的餐饮服务和在其他餐馆的就餐服务。

4.交通服务

包括订购飞机票和车、船票，提供市内交通往来接送，游览交通等服务。

5.导游服务

包括导游生活服务和导游讲解服务。

6.购物服务

包括旅游企业附设的商品服务和友谊商店、土特产商店、手工艺品商店出售各种日用必需品和纪念品等提供的服务。

7.文化娱乐服务

包括健身房、美容室等文娱保健设施的服务。在上述服务体系中，前四类是为了满足旅游者基本生活需要的，它不是旅游目的，而后三类则是为旅游目的服务的。

旅游服务兼有物质服务和精神服务两重性，因此，它不仅是一种经济行为，而且也是一种社会行为。服务过程也就是旅游职工与旅游者之间的社会交往过程，它与其他社会交往一样要求双方必须遵守普遍的社会公德，所以礼貌、友好、热情、周到、灵活、效率是旅游服务的基本要求。旅游服务不应是统一规格的，必须有较广泛的服务项目、服务规格，使旅游者有选择范围，使不同阶层、不同职业、不同收入水平、不同年龄、不同性别、不同兴趣爱好的各类旅游者都能得到满足。

（四）旅游产品的销售渠道

1.销售渠道的一般概念

所谓旅游产品的销售渠道，是指旅游企业把旅游产品销售给最终消费者的途径。它包括旅游产品从生产者手里脱手，直到旅游者购买为止全过程。

2.旅游中间商

目前，间接销售渠道在国际旅游贸易中是最常见的也是用得最为广泛的形式，一般把所有中间环节都统称为旅游中间商，也就是说，任何一个单位或个人，处在旅游者和旅游产品生产者之间，参与了旅游产品的销售，即为旅游中间商。旅游中间商有以下几种：

单一经营。这种旅游中间商只经销一国一地或一个旅游企业的一种旅游产品，或者只提供一项旅游服务；

主营其他业务并兼营旅游中间商业务；

主营旅游中间商业务并兼营其他业务。

旅游中间商的主要业务如下：

组合、推销包价旅行团；代订酒店、餐饮、观光、文艺演出；代售机票、车船票；安排接送；货运委托；旅游业务问讯；安排商务、文体等专业活动，组织会议；提供导游；代目的地进行宣传推销活动；发售旅行支票；出版、发行杂志；培训旅游专业人才等。

旅游企业通常是在下列时刻需要考虑选择中间商。

当旅游企业的产品拟进入国际市场而本身又不能直接销售时；当原有的旅游中间商质量发生变化时；当产品的种类增加，产品质量提高时；当旅游企业要提高销售量时；当旅游企业要进入新市场时；当顾客结构发生变化时；当同类产品供给者增多从而市场竞争加剧时等。

旅游企业选择中间商时需要了解对方以下几个方面的情况：

对方的市场重点在哪里，是哪一类型的中间商；对方的竞争对手是谁，市场占有率、销售情况如何；对方资信能力如何；对方的地理位置是否适合本企业要求；对方的政治倾向、历史和现状及发展情况怎样。

三、其他几种服务贸易方式

（一）国际咨询服务

1.国际咨询的含义

所谓咨询，简单地说，就是请别人当参谋献计献策。国际咨询是指咨询机构应国外客户的要求，以其专门的知识、技能、经验、智慧和信息，运用科学方法和先进手段进行调查研究，分析预测，为客户提供智力服务的活动。国际咨询具有专业化、现代化、社会化、国际化、商品化的特点。国际咨询的业务范围很广，涉及政治、经济、军事、法律等领域。这里我们所介绍的咨询服务，主要是指经济咨询，也就是由经济、技术专家学者运用自己的知识和经验，为政府和企业提供智力服务，协助企业制订最佳方案，以取得最佳效益的活动。经济咨询的主要内容包括技术服务咨询、工程咨询、经营管理咨询、贸易咨询等。

2.国际咨询的形式与内容

国际咨询的形式多种多样，大体包括：①根据客户要求进行调研和预测；②为客户提供数据、信息、资料、建议、科学论证、调研报告和具体意见等供参考决策之用；③审查或译审报告、研究结果、实施方案等，并对具体过程指导和监督等。

（1）技术咨询与服务

技术咨询与服务是国际技术贸易采用的一种基本交易方式，也是技术转让交易中必不可少的一个重要环节。技术咨询亦称顾问咨询，是由咨询公司派遣专家或以书面形式向委托人提供技术方面的建议或方案。技术服务亦称技术协助，指一方受另一方委托，利用自己掌握的技术经验和技术条件，协助另一方处理和完成某项特定的经济、技术任务，达到一定的目标。技术咨询与服务的内容很广泛，涉及农业、工业、交通运输、矿业、电子仪器、桥梁工程等范围的可行性研究、效益分析、编制计划、工程设计、施工、机械设备的制造和订购、产品技术性能的评价与鉴定、项目实施的监督与指导等方面。

技术咨询服务的形式多种多样，最常见的形式如下：

工程咨询服务；提供技术资料；培训技术人员；销售咨询服务；管理咨询服务。

（2）国际工程咨询

国际工程咨询是指专门从事勘探、采矿、建桥、筑路、土地、机电、供热、空调、照明、冶金、化工工程、修建港口、机器设备安装等咨询服务业务活动。咨询公司承担工程咨询项目后，必须进行一系列的调查研究工作，并以经济、技术、财务、效益等方面对项目进行论证、分析、对比，提供各种方案供客户选择。

（3）企业管理咨询

企业管理咨询又称企业诊断，是咨询人员运用科学方法进行调查研究，了解企业的症状，找出存在的问题，分析产生的原因，提出改进的方案，帮助企业提高经营管理水平和经济效益的一种服务性活动，主要如下：

管理组织咨询；业务管理咨询；生产管理咨询；质量管理咨询；物资管理咨询；设备管理咨询；财务管理咨询。

（4）国际贸易咨询

国际贸易咨询是国际咨询业的主要门类之一，业务范围包括客户资信调查、国际运输、商品推销、关税、商检、各国税收、各国进出口管制，国际市场信息等方面的咨询服务。

（5）国际金融咨询

国际金融咨询也是国际咨询业的主要门类之一，是向客户提供有关国际金融知识、信息和咨询服务的活动，主要内容包括有关国际金融形势和资金供求变动趋势，各金融机构的资金实力、服务态度和企业的资金状况、利率和汇率水平的变动趋势等。

（6）财务会计咨询

财务会计咨询是对涉及财务会计方面的事务进行调查研究，分析预测，提供科学的切实可行的方案和措施的服务。主要包括会计业务指导、经营管理咨询、辅导报税及代办业务、培训业务等。

（二）国际广告服务

1.国际广告的概念

经济广告或商业广告指广告主有计划地通过媒体传递商品和劳务信息。

促进销售的大众传播手段的每一则广告都包括五个基本要素：广告主，即提出发布广告的企业、团体和个人；广告受众，即广大消费者；广告媒体，即传播广告信息的中介物；广告内容，即有计划地传递商品和劳务的信息；广告费用，即利用各种广告媒体所支付的费用。

国际经济或商业广告是国际营销活动发展的产物，它是指广告主为了使商品在国际市场上进行促销而面向国外客户所做的广告宣传。它以本国广告的发展为母体，向世界其他国家或地区发展，通过各种适应国际市场特点的广告形式，使出口商品能迅速进入国际市场，为产品赢得声誉，扩大销售。在竞争日趋激烈的今天，国际商业广告是国内产品打入国际市场的有效方式。因此要发挥国际广告的作用，必须掌握其特点，运用不同的广告策略，有针对性地开展国际广告活动。

2.广告主

国际广告主的类型一般包括：①商品出口国的生产企业或经营企业及其在海外的分支机构；②当地外贸商品代理商；③出口国企业或其分支机构与当地外贸商品代理商联合。在国际广告市场上，跨国公司是最大的广告主。

3.广告媒体

广告媒体的类型，主要有报纸、杂志、广播、电视等，但在质量和数量上则存在差别。选择不同的广告媒体组合，其影响范围和广告费用是不同的，因此，在选择广告媒体时应注意：①媒体的数量因素，即媒体的传播和影响范围；②媒体的质量因素，即媒体的社会威望与特点；③媒体的时间因素，即媒体发布广告的时间是否适宜；④媒体的费用因素，即广告价格和广告税率的高低；⑤媒体的组合因素，即要考虑各地媒体的具体情况及特点。

4.广告代理

国际广告可以由广告主直接委托大众媒体发布，也可以委托广告代理商负责全面策划。委托大众媒体发布国际广告，可以是广告主直接委托国外媒体发布广告，也可以由其海外机构或代理商委托地方性媒体刊登广告。委托广告代理商负责实施广告，可以分为委托国际性广告公司和委托国外当地广告公司两种形式。

一般情况下，国际广告活动委托广告代理商负责，较之由广告主直接委托当地媒体负责更为有利。因此，选择富有国际广告经验与全面服务能力的广告代理，就成了广告主进行国际广告的关键步骤。选择广告代理商时，一般要考察广告公司的如下情况：①业绩；②资信；③管理水平；④业务水平；⑤职业道德；⑥经营作风；⑦媒体关系；⑧国际广告经验；⑨收费情况。

5.多国广告

多国广告是指向世界各国推销同一出口商品，同时在多国进行的广告。多国广告一般有两种类型。

（1）标准式

即由外贸出口企业的总公司设计统一的广告表现，以统一的广告形式向多国市场进行广告。

（2）区别式

也称制宜式，即同种出口商品在不同国家的市场上有不同的广告表现。

（三）国际金融服务

1.金融服务贸易的概念

在服务贸易总协定的金融服务附件中，对金融服务贸易的含义作如下解释，即金融服务贸易是由一参加方的服务供应者向另一方提供的任何形式的金融服务。金融服务主要指银行业、证券业、保险业及其他金融机构所提供的服务。这是主要介绍国际银行服务贸易，即由一参加方银行向另一参加方提供的银行的跨国服务贸易。国际银行服务实际上包括所有从事国际贸易、国际投资、国际旅游以及其他一切国际经济交易的客户要求提供的一切银行服务项目，其职能实质上是银行的各类国内业务向国外的延伸，包括：①货币转换（外汇交易）；②国际财政、资金供应和分配、资金调拨和再转换；③国际贷款和信用、分析和批准信用、确定和监督贷款；④国际支付和清算。

2.银行国际服务贸易网络及传递方式

银行从事国际服务贸易是通过全球服务网络来完成的。一般来说，银行的国际服务贸易网络由以下机构组成：①代表处，它是直接设置分支行前的一个临时机构；②国外代理银行，指某银行总行有选择地与外国银行互订契约，按规定相互或单方面在双方开立账户，用于办理互相间的资金往来账户的银行；③国外分支行处，这是总行拥有的一个机构，不具备法人地位，一般分为分行、支行和经理处三个等级，其地位均高于代表处和代理行；④国外附属银行或联营银行。附属银行是指国内总行拥有全部股份或多数股份的外国银行或金融机构。联营银行是指国内总行拥有少数股份的外国银行或金融机构。两种银行由于控股数量不同，对该外国银行的控制程度亦有所区别；⑤国际银团组织，指一群银行在国外联合设置一个独立的合资经营的银行或金融机构，其成员不一定由同一国籍的银行组成，银行各自按摊派认购股份，凭资本金以取得相应的表决权。

银行网络间票据凭证的转移、收付以及与国际银行业务有关的信息传递，主要通过以下途径进行：①邮件，主要用于诸如支票、银行汇票、光票、跟单汇票以及一些时间因素不重要的汇款；②电报和电传。电传优于普通电报，它不仅传递迅速，价格便宜，而且信息内容可靠易懂，目前已普遍为银行所采用；③票据清算系统，国际间的票据清算，尤其是支票，需要在票据的计值货币的当地开立账户，以办理收付；④现代化计算机网络，包括银行同业间的通信系统，如环球银行金融电信协会，以及银行内部的计算机通信网络。

3.国际银行服务的主要内容

（1）国际融资业务

国际融资业务主要通过出口信贷、国际结算和项目贷款融资。

①出口信贷

出口信贷是一种中长期信贷，是出口国为了推动本国的出口贸易，在政府支持下，由该国专业银行或商业银行向本国出口商或外国进口商（或进口国银行）提供的一种优惠贷款。其主要类型有：卖方信贷、买方信贷、福费廷、信用安排限额、混合信用贷款、签订存款协议等；

②国际结算融资

含进口贸易融资和出口贸易融资，是一种短期贸易融资方式。进口贸易融资指官方银行或商业银行对境内进口商从国外进口商品时，为保证货物在途时间的资金周转而向进口商提供的信贷资金支持。包括开证额度、信托收据、进口押汇、提供担保、进口代收押汇等方面内容。出口贸易融资是指官方银行或商业银行对公司的出口业务，从银行寄单索汇到贷款收妥入账期间，为保证资金周转，对出口企业提供的资金融通。包括贷款和透支、出口信用证押汇、打包放款、远期信用证贴现、出口托收押汇等形式。

③项目贷款

项目贷款是指利用项目投产后的产品销售权益来偿还贷款资金的一种融资方式。

（2）国际贸易结算业务

国际结算是对国际间由于经济、政治、文化等联系而产生的债权债务，以货币支付方式进行的了结和清算。国际结算包括贸易结算和非贸易结算。以国际贸易为基础所产生的债权债务清偿是贸易结算，以其他国际交往为基础的结算是非贸易结算。通常贸易结算是国际结算中最重要的组成部分。贸易结算方式主要包括：①汇款结算方式；②托收结算方式；③信用证结算方式；④银行保函。

（3）财务顾问与咨询

这是银行推出的创新服务业务。银行充当大型投资项目的财务顾问，其主要作用是帮助企业获得从贷款到资金条件方面的最佳方案，以减少成本、避免外汇风险，使项目获得成功。其任务主要包括：帮助企业进行财务分析，寻找最佳筹资方案；起草招标文件中的资金条件，评估标书；帮助避免外汇风险等。咨询业务是指银行专门办理提供信息、回答询问、可行性研究和专题研究的营业性事务。咨询业务的种类主要包括资信调查、客户介绍、可行性项目研究及评估等。

第六节 混合贸易方式

一、加工装配贸易

（一）加工装配贸易的含义和特点

加工装配贸易通常包括来料加工、来图来样加工、来件装配，它们和补偿贸易一起，被习惯称为"三来一补"。这是 20 世纪 60 年代以来在国际贸易发展过程中产生的混合贸易方式。

1.加工装配贸易的含义

加工装配贸易是一种加工再出口业务，它把加工和扩大出口、收取工缴费收入结合起来。具体来说，就是由委托方（外商）提供全部或部分原材料、辅料、零部件、元器件、配套件和包装材料等，承接方（东道国企业）根据合同规定的质量、规格、款式、型号、商标品牌、交货期限等要求进行加工装配、生产出成品交外商销售，承接方按合同规定收取工缴费或双方各自计价支付。在这里，加工装配贸易的承接方仅负责加工生产和收取工缴费，委托方负责产品的销售和承担销售的盈亏风险。

在实际业务中，为了提高加工效能和产品质量，降低加工成本，有时委托方在提供来料的同时，往往还提供一部分为加工使用的关键设备、生产技术、仪器和工具。这些机器设备的价款，由承接方用所收取的工缴费或装配费分期清偿。这是把加工装配贸易和补偿贸易结合起来进行的。加工装配贸易实际上是以商品为载体的劳务出口，但具体做法上涉及到原材料、零部件的进口和加工后的成品出口。

2.加工装配贸易的特点

第一，加工装配贸易是一种进出结合、两头在外的贸易，提供原材料和零部件的一方与接受成品的一方为同一客户，进出口属于一笔交易。

第二，加工装配贸易双方的关系是纯生产性的委托加工关系，而不是商品买卖关系。承接加工方只能按委托方的要求加工产品，不能擅自做主，随意改动，也就是说，对委托方提供的原材料和零部件等，承接方只能有使用权，没有所有权，对销售盈亏不负责任，不承担国际市场变化对产品销路的风险。

第三，加工装配贸易对承接方来说不需投入大量资本，一般是利用本企业现有的设备和技术进行加工生产，不需自备原材料、辅料、元器件等，纯属代客加工。

第四，加工装配贸易的产品多为劳动密集型产品、机械化程度有限，对生产设备和技术的要求相对较低，劳动素质要求不高，普通劳动者稍加培训就基本能上岗工作。

第五，加工装配贸易项目周期一般较短，生产的多为国际市场上更新快、时间性强的产品，这些产品批次多、变化快、交货急，要求生产企业具有灵活多变，适应性强的特点，这尤其适合于那些生产规模较小的企业。

（二）加工装配贸易的种类

1. 来料加工

来料加工是指由委托方提供原材料、辅助材料、包装材料和必要的设备等，由承接方按照对方要求进行加工生产，成品按规定时间交给委托方销售，承接方收取事先约定的工缴费。

来料加工的形式和做法主要有以下几种。

（1）纯收加工费形式

即来料和成品不计价，由双方订立加工合同，按合同规定由委托方提供全部原材料等，承接方在完成加工后，将成品提交给委托方，并按约定标准向委托方收取工缴费。这也是最常见的形式。

（2）"带料加工"形式

委托方只提供部分来料，其余所需部分由承接方提供，承接方按合同规定完成加工后将成品交委托方。承接方除收取工缴费外，还按合同规定的价格向委托方收取所提供的原料、辅料等价款。

（3）各作各价形式

由双方订立加工合同，来料和成品均按国际市场价格分别计价，使用对开信用证或付款交单的支付方式。来料进口时，承接方不付款，待生产成品出口收回货款后，再向委托方支付原材料价款或从成品货款中扣除原材料价款，两者的差价就成为承接方的收益。在实际业务中习惯上把这种做法叫作"对口合同"。

（4）含补偿贸易因素的形式

由双方订立加工合同，委托方在提供原材料的同时，还提供必要的机器设备等，这些设备的价款，除合同规定由委托方无偿提供或借用外，一般均应按国际市场价格作价，从成品货款中扣除，从而把来料加工和补偿贸易紧密联系在一起。

2. 来件装配

来件装配是指由委托方提供零部件、元器件以及必要的工具设备和技术，由承接方按照对方要求的规格、标准、型号、式样以及商标等组装成品交付对方，并收取事先约定的工缴费。

来件装配形式很多，主要有以下几种：①委托方提供全部元器件和零部件，由承接方按要求装配成产品交付委托方，并收取工缴费。②委托方只提供装配所需的部分元器件和零部件，由承接方采用部分自产零部件装配成产品交付委托方，委托方除支付工缴费外，还要支付承接方提供的零部件价款。③委托方提供全散件和半散件，由承接方装配成成品。来件和成品分别计价，采用对开信用证或付款交单的支付方式。④来件装配与补偿贸易相结合的两种形式，一是委托方除提供元器件和零部件外，还作价提供机器设备等，所需费用在承接方所得工缴费中扣除。⑤出口国在出口产品时，个别部件或辅料在技术上或质量上不过关，可由订货方提供相应的部件或辅料装入出口产品中，其价款从出口总价款扣除。

3. 来图生产和来样加工

来图生产和来样加工通称来图来样加工，是指由委托方提供产品的全套图纸、样品以及部分加工技术或工具设备等，由承接方加工制造产品。产品可以全部返销，也可以部分返销或就地销售。它与部分来料加工的差别在于委托订货方向加工出口方提供的不是硬件（有形商品），而是工业产权（软件，无形商品），因此，当承接加工方将制成品交付给委托方并收取价款时，委托方一般要从价款中扣除所提供的工业产权费用。

（三）加工装配贸易的一般程序

加工装配贸易可以由承接加工企业直接与委托方签订加工装配合同；也可以由承接方的贸易公司和加工企业一道与委托方签订合同；或先由承接方贸易公司与委托方签订加工装配合同，然后由贸易公司再与加工企业签订加工生产合同。无论哪一种方式，加工装配贸易从其进行的程序或过程来看，一般包括以下几个基本阶段。

1. 交易准备

在此阶段有两个关键问题，一是要合理确定商品种类，即根据本国或本地区本部门的综合生产能力（包括工业基础、技术条件和劳动力状况等）选择对自己有利的产品，一般情况都是选择劳动密集型产品。同时要考虑加工装配产品的发展前景，与国内出口商品之间的关系以及与国内产业结构之间的关系，以免冲击本国正常贸易和国内产品结构改善。二是要谨慎选择客户。一般承接方选择的委托方，应具有较雄厚的经济实力，可靠的资信能力和良好的经营能力。同时，准备阶段还要特别注意对国际市场（包括最新动态、市场趋势、竞争对手等）的调查研究。

2. 谈判签约

这个阶段是整个业务过程中最重要的阶段。在这个阶段要进行技术谈判和商务谈判，根据双方谈判的内容起草合同，并在进一步谈判中作必要的修改。在双方取得一致意见后签约，用文字形式最后将双方的权利和义务在合同中明确加以规定。

3. 审批合同

经营单位对外签订的加工装配合同，必须经有关主管部门审批。

4. 运进料件

对委托方提供的料件，按照贸易双方商定的合同条件进行运输，然后凭海关文本和有关单据提运料件。

5. 加工生产

加工生产阶段是履行合同的最主要阶段。在这个阶段要严守合同，保证生产的各个环节自始至终按照合同的要求进行。

6. 运出结汇

加工生产阶段结束后，应立即向海关申报核销，然后才能将成品装运出境。结汇所需单据必须齐全，经核对相符后，向当地银行办理结汇，承接加工方也可分批发货，分批收取工缴费。

（四）发展加工装配贸易应注意的问题

第一，在加工装配贸易中，委托方往往提供商标等，这时需注意其合法性。为了避免因第三者控告侵权造成被动，合同中应订立防止侵权条款，即如果委托加工的产品侵犯了第三方的专利权、商标权或其他权利时，应由委托方负责交涉并承担责任。

第二，加工装配业务的法律性较强，加工装配贸易中的商品品种要符合国家有关规定，有些品种需经国家有关部门批准。因此，选择项目要适当，更不能以加工装配的产品代替正常销售的配额。

第三，来料来件是开展加工装配业务的基础，来料来件能否按时按质保量到达，是布置生产的关键，因此，对来料来件的时间、数量和批次在合同中要有明确规定，以确保加工装配的连续性和按时交货。同时，对来料来件的质量必须进行商检，合同中除明确规定来料来件的质量标准外，还应规定商检机构和商检标准，以减少不必要的经济纠纷与损失。

第四，关于加工装配的工缴费，其收取标准既要考虑承接方的国内生产成本，也要参考国际市场价格，避免委托方利用承接方国内劳动力成本低廉的现状，过分压低加工费。为保障双方利益，工缴费的支付方式一般采用国际上通用的以银行为中介的收付汇方式，包括汇款方式、托收方式和信用证方式等。

（五）进料加工

1.进料加工的概念及种类

进料加工是指进口原料、辅料或零配件，经过加工装配成品后再出口，故又叫以进养出，绝大多数国家的法律都规定给予经加工或指定的维修后出口的货物，在进口时免交进口税、增值税和工商税。开展进料加工业务一般均应事先得到有关部门批准，其基本程序大致与来料加工业务相似。

进料加工主要有以下几种。

（1）备料加工

这是一种在销售渠道尚未落实的情况下的以购定销策略，风险较大。

（2）三角合同

在选择好成品进口的客户的基础上，同时签订原料进口和成品出口两个相互有联系的合同，从而形成原料出口商、承接加工方和制成品进口方的三角关系。

（3）以出顶进

在以销定购基础上，出口生产企业用外汇从本国贸易公司或原料生产企业购进加工出口制成品所需的原料。

（4）对口合同

原料出口商和制成品进口商属同一客户，即单轨进销买卖，与同一外商同时签订进料合同、成品出口合同，并用进料加工成制成品返销给该外商。两种合同均用现汇结算。

2. 进料加工与来料加工的区别

第一，进料加工的原材料的进口与加工后制成品的出口没有必然联系，是单进单出的两笔进出口业务，原料供应商和产品购买商一般不是同一个商人。而来料加工的原材料进口和成品出口一般是由一份加工贸易合同规定的一笔买卖，或者是两笔前后互相关联的买卖，原料供应人往往就是成品的接受人。

第二，进料加工的生产加工方与外商的关系是一次性买卖关系，而来料加工中的加工方与外商的关系一般是委托加工关系，部分来料加工虽然包括承接方提供部分原材料，在一定程度上存在买卖关系，但双方业务关系主要体现在加工关系上。

第三，进料加工是由加工方自进原料，自行安排加工生产和出口、自负盈亏，虽收益较高，但成品出口无保证，风险较大；而来料加工是由委托方提供原材料，承接方按规定加工成品后交还对方，并收取工缴费。来料加工的成品出口有保证，风险较小，但收益相对较低，部分加工附加值由委托方获得。

二、补偿贸易

（一）补偿贸易的含义和特点

1. 补偿贸易的含义

补偿贸易是20世纪60年代后期在传统贸易的基础上发展起来的一种新的贸易方式，目前，它已成为国际贸易的一种重要方式。所谓补偿贸易是指进口方在信贷的基础上，从出口方进口机器设备、生产技术、原材料及服务等，待项目投产后，在约定的期限内，用所生产的商品或其他劳务偿还这些贷款及利息的一种贸易方式。由于进口机器设备的企业偿还贷款本息并不使用外汇，而是以商品抵偿商品，故称为补偿贸易。

2. 补偿贸易的特点

补偿贸易是商品贸易、技术贸易、信贷贸易相结合的产物。它既属于货物买卖性质，又与一般货物买卖有区别，其特点如下。

（1）补偿贸易与信贷相结合

一笔补偿贸易以机器设备的进口到生产出产品偿还，以至偿还完毕需要相当长的一段时间，这实际上是出口方给设备进口方提供了中长期的商业信贷，而出口方为了使自己的资金周转不受影响，往往寻求银行贷款。对进口商而言，补偿贸易就如同将借款引进技术设备和通过出口商品归还借款两种交易结合起来，因此，信贷作为一种必要条件，是补偿贸易中不可缺少的一个组成部分。

（2）补偿贸易与生产相联系

补偿贸易的买卖方进口技术和机器设备，是为了发展生产和出口，特别是在直接补偿条件下，进口的价款要用进口项目所生产出来的产品偿还，项目能否顺利进行，与该工程项目能否按时投产，产品的质量和数量能否达到一定标准有密切关系，因此，设备出口方往往很关心设备的质量，工程项目的进展和产品的生产情况等，以至在零部件、技术和培训人员等方面对进口方提供支援与服务。可见，贸易双方的通力合作是补偿贸易顺利进行的重要保证。

（3）补偿贸易双方是买卖关系

补偿贸易方式下进口的设备和其他物资，是经过作价出售的，设备进口方承担支付货款的义务，对进口的机器设备、原料以及建成的工程项目和将来的产品具有所有权和使用权，自己经营、自担风险、自负盈亏。

（4）补偿贸易与传统易货贸易的区别

补偿贸易与易货贸易都保留着用实物来支付进口的基本特征，但前者却比后者要复杂得多。

首先，补偿贸易的易货是同信贷相结合的，而传统易货贸易进出口双方并没有信贷关系。其次，补偿贸易与商品的生产相联系，一方交付的商品往往是另一方交付的商品所生产出来的产品；而传统易货贸易中所交换的商品之间一般没有直接联系。最后，补偿贸易的过程较长，需经历多次贸易行为，且买卖行为不同时发生，而传统易货贸易通常为买卖同时发生，同时结束的一次性贸易行为。

（5）补偿贸易与合资经营的区别

补偿贸易不同于合资经营。

首先，补偿贸易中进口方对进口设备和其他物资拥有独立的所有权和经营权，盈亏与设备出口方无关；合资经营中各方都占有一定股份，企业的所有权和使用权双方共有，企业和产品都由双方共同经营，共担风险、共负盈亏。

其次，补偿贸易中的产品交换是设备和用这种设备生产出来的产品之间的交换，其基础是彼此之间的信贷关系；而合资经营中，虽也涉及技术设备的进口问题，但这往往是作为外商投资的一部分，不存在信贷关系。

最后，补偿贸易中的产品外销实质是补偿；而合资经营中的产品外销是获得收益的手段，其利润由合营双方按比例分成。

（二）补偿贸易的主要形式

补偿贸易可从不同角度进行多种分类，但最主要的形式是直接补偿和间接补偿，其他形式大都由这两种基本形式演变而来。

1. 直接补偿

直接补偿又叫产品返销或回购，指进口方用进口的机器设备和技术生产的部分产品或全部产品（直接产品），分期偿还进口设备和技术所需的价款。这是补偿贸易中最基本的形式，一般适用于机器设备和技术贸易，在国际上也有人称之为"工业补偿"。

2. 间接补偿

间接补偿又称商品换购或互购，指进口方不是用该项进口设备直接生产出来的产品偿还设备价款，而是用双方事先商定的其他商品或劳务去偿还。这种间接补偿贸易方式曾在东西方国家之间被普遍采用。间接补偿的做法比较复杂，一般是在该项目直接生产的产品不是设备出口方所经营或所需要的产品；或者该补偿贸易项目不是生产有形产品，不能提供直接产品出口的情况下，才采用这种形式。

3. 劳务补偿

劳务补偿是指由进口方用向出口方提供劳务所得的报酬偿还进口设备

和技术的价款，这种做法多见于与来料加工或来件装配相结合的小型补偿贸易。提供设备、技术的一方，待工程建成后，又提供生产所需的原材料、零部件，由引进设备的企业加工，成品归还设备出口方，引进方仅收取加工费，出口方的设备价款则在加工费中扣除归还，因此，这种方式又称为"加工费补偿"。

4. 混合补偿

混合补偿是一种更为复杂的补偿贸易，指进口方对引进设备所需的价款，一部分用直接产品偿付，另一部分用间接产品偿付。

5. 部分补偿和全额补偿

部分补偿即使用部分现汇偿付，进口价款，指进口方可以用直接产品或间接产品偿还进口设备技术的部分价款，其余用现汇补足，也可以利用贷款偿付。如果引进设备技术的全部价款和贷款本息都是用产品来偿付，则称之为"全额补偿"。

6. 多边补偿

这种形式的补偿贸易比较复杂。在进行补偿贸易时，有时进口设备的一方可提供的产品在出口方国内可能没有竞争力，或者该国对这些产品实行限制等等，在这种情况下，返销产品可以卖给另一位需要该产品的商人（第三者），用所得外汇偿还进口设备价款。

（三）补偿贸易的一般程序

每一笔补偿贸易的交易，一般都必须经过以下四个阶段。

1. 项目的确定

项目选择是补偿贸易的起点，补偿贸易中双方所交换的商品，是根据各自的需要和可能来确定的，它直接关系到双方的利益，因此，对设备进口方来说，需要引进的技术设备必须是先进的或比较先进的，同时又必须与本国现有的技术能力、管理能力、原材料供给等能力相配套，是本国所适用的技术设备，符合本国国民经济发展的需要；引进的技术设备本身应具有偿还贷款的能力，其生产的产品要有一定的国际市场竞争能力，并避免与本国传统的出口产品或销售相当稳定的产品相竞争，而且不应与本国或国际环境保护的有关规定相违背。

2. 可行性研究

可行性研究是在投资前对补偿贸易项目的一种考察和鉴定，是一项综合性的技术经济研究工作。

3. 合同的洽谈和签订

可行性研究报告获批准后，双方就进入了合同的谈判阶段。这是补偿贸易的关键阶段。谈判的内容涉及到补偿贸易过程中的全部问题，包括出口方技术设备的名称、性能及其他技术指标；进口方补偿贷款的方式；进口及返销产品的种类、价格、结算、货币、运输、保险及有关问题；违约、处罚、争议、仲裁的解决和处理；合同的生效和终止等。这其中的核心问题是进口技术设备和补偿产品的确定及作价。当交易双方就合同的各项条款都已达成一致意见后，即可签订正式合同。补偿贸易合同一般有两种，一种是笼统地签订一个合同，合同中就引进的技术设备和补偿产品结合起来，在总体上明确进出口各方的权利和义务及其他有关问题。另一种是先签订一个总协议，然后再分别签订技术设备进口合同和补偿产品出口合同，由总协议把技术设备的进口和补偿产品的出口联结起来。前者比较适合于规模小，引进技术设备和补偿产品都比较简单的交易，后者较适合于规模大，引进的技术设备和补偿方式及补偿产品都比较复杂的交易。

上述协议和合同经双方代表签字后，一般即可生效，但有的国家法律规定必须经上级机关审查批准后方能生效，否则将失去本国法律的保护。这时则应迅速备函并附上合同文本送交上级机关审批，并抄送当地海关，外汇管理机构、财政、税务、银行等部门。

4. 履行合同阶段

履行合同是补偿贸易业务中最具实质性的阶段，双方要根据合同的规定，完成各自应当承担的义务。履行合同的全部过程都必须以双方所签订的具有法律效力的合同为行动指南，任何违反合同的行为都将按合同规定的办法予以处理。根据补偿贸易的特点，在履行合同时应注意三个方面的问题。

（1）要重视补偿贸易的商品检验工作

对进口方来说，就是要对进口设备的质量和性能进行严格的验收，因为进口设备的质量如何将直接影响到交付的补偿产品的质量。这项工作通常是在引进的技术设备安装调试完成后的试运行中进行。如果发现问题应立即向出口方提出并要求其采取补救措施和索赔。在设备投产后亦应加强对设备的维护保养和管理，保证机器的正常运转。

（2）必须重视补偿产品的及时交货

对补偿产品按时按质交货，是实施补偿贸易合同的一个重要环节。一般情况下，如果发生由于设备进口方的原因而造成补偿产品延期交货的，设备出口方就可根据合同规定，撤销其购买补偿产品的义务或提出索赔等。一旦出现这种情况，设备进口方的利益将遭受极大损害。

（3）要重视补偿产品在国际市场上的销售和价格动态

补偿产品国际市场行情的变化，包括供求关系的变化和价格走势等，直接关系到设备进口方的利益。对设备进口方来说，密切注意补偿产品在国际市场上的销售情况和价格趋势，一方面可能对出口方或其代理商的销售行为进行有效的监督，了解其在国际市场上有无低价抛售，是否影响该商品原来的正常销路和售价的情况；另一方面，能够客观地把握补偿产品的国际市场地位，这样有利于选择好的销售渠道，对于在偿清贷款以后作出对该项商品是否继续向设备出口方销售的决算将有很大帮助。

三、租赁贸易

（一）国际租赁的概念

所谓租赁，就是出租人在一定期限内将租赁物出租给承租人使用，承租人则按租约规定分期付给一定租赁费的一种贸易形式。在这里，租赁物的所有权始终归出租人所有，而承租人通过缴纳租金取得在规定期限内对物品的使用权。也就是说，在租赁过程中，租赁物的所有权和使用权是分离的，租赁方式所涉及的是使用权的有条件让渡，而不是所有权的转移。租赁贸易也是与信贷相结合的贸易方式，租赁业务与一般信贷的区别在于租赁只借物不借钱。

现代租赁贸易的关系人最少包括与出租人有关的租赁公司和承租人（用户），根据租赁形式的不同，在关系人中有时还出现设备制造商或供应商，在一些更复杂的租赁形式中有时还有物主托管人、有契约托管人等。这些当事人将根据不同的租赁形式，分别签订设备购买合同和租赁合同，租赁对象多种多样，租赁期限分短期（约1年以内）、中期（1～3年）、长期（3年以上）。

租赁有国内租赁和国际租赁之分。国际租赁是现代租赁业务由国内向国外进一步发展的结果。对于国际租赁的定义，各国说法不一，归纳起来主要有广义和狭义两种。狭义的国际租赁概念仅指跨国租赁，是指分别处于不同国家或不同法律体系下的出租人与承租人之间的租赁活动。这是一种符合一般关于国际经济交易定义的国际租赁形式。广义的国际租赁的概念不仅包括跨国租赁，还包括间接对外租赁，间接对外租赁是指一家租赁公司的海外法人企业（合资或独资）在当地经营的租赁业务。不管承租人是否为当地用户，对这家租赁母公司而言是间接对外租赁；但对公司的海外法人企业而言，如果承租人为当地企业，它们之间的租赁交易为国内租赁，如果承租人为第三国企业，它们之间的租赁交易即为跨国租赁。在我国，租赁交易分为租赁的国内业务和国际业务，在租赁交易中，若三方当事人（出租人、承租人、供货人）中任意一方为外国企业，并以外币作为合同计价货币时，即为国际租赁业务。

（二）国际租赁的方式及特点

在国际租赁业务中的租赁方式多种多样，主要包括以下几种。

1. 融资租赁

融资租赁也称金融租赁、财务租赁、直接租赁、完全回收租赁等，是指承租人选定机器设备，由出租人购置后出租给承租人使用，承租人按期交付租金。租赁期满，租赁设备通常有三种处理方法，即退租、续租或转售给承租人。融资租赁的特点主要有：①租赁公司一般是金融机构的附设机构，办理中长期、大型、价高的设备租赁，是国际租赁业务中的主要形式。这类租赁的主要目的在于资金的融通，出租人为购买设备，提供100%的信贷。②拟租赁的设备由承租人自行选定，出租人只负责按用户要求融资购买设备，面对设备的性能、质量、规格、数量、技术上的检定验收等不承担任何责任，不提供任何服务，故又称净租赁。此外，有关设备的安装、保管、管理、保养、维修、保险、财产税等，甚至由于出租人的资产所有权所产生的第三者（如税务、海关等）的任何要求，均由承租人负责。③基本租期内的设备只租给一个特定的承租人使用。租金总额＝设备货价＋前项资金的延付利息＋租赁手续费－设备租赁期满时的残值。可见，承租人在租约期间分期支付的租金数额，足以偿付出租人为购买设备所投入的全部资金（包括成本、利息、利润）并有盈利，故又称完全付清租赁或完全回收租赁。④金融租赁合同属不可撤销合同，一般情况下，基本租期内租赁双方均无权单方面撤销合约，以确保承租人享有平静的占用权和出租人投入资金的完全回收。⑤租赁期限一般应低于设备的使用年限。租约期满，承租人对租赁设备有留购、续租和退租三种选择权。

2. 经营租赁

经营租赁又称服务租赁、使用租赁、营运租赁、业务租赁、操作租赁、作业租赁、非完全回收租赁等，是指由出租人购置设备，出租给承租人使用，并提供必要的设备保养、维修、事故处理和其他技术服务，承租人所付租金包括维修费，租赁期满承租人必须退回所租设备。

经营租赁的主要特点是：①租赁设备往往是市场需求的急用设备，或者是属于需要专门维修保养的运输工具，农业机械、技术更新较快的设备和科学仪器，由出租人购进或出租人本身就是大型制造商的附属部门或子公司。这类租赁的目的在于对设备的使用。②出租人不仅提供融物便利，还负责设备的保养维修，对出租设备的适用性、技术性能负责，并承担过时风险，负责购买保险。租金包括这些费用，因此租赁费用较融资租赁交得多。③租赁期远远短于设备使用寿命，最短的仅几天或几个小时。出租人在每次租约期内收取的租金不足以偿付设备的全部投资和收益，故又称为不完全回收租赁或不完全付清租赁。出租人要通过该项设备的多次出租，方能收回其全部设备投资和其应获利润。④经营租赁合同是可撤销合同。在合同期内，承租人如想重新改租其他设备，只要预先通知出租人，即可退还设备，终止租赁合同。

3. 维修租赁

维修租赁又称合同租赁，它是在金融租赁的基础上加上各种服务条件的租赁方式。也就是说，出租人在设备租出后，还提供一系列诸如维修、保养等服务活动。由于出租人要加收各种服务费，因此，租赁费用较为昂贵。不过由于服务包含了专家的知识和技术，对企业来说仍然是比较便宜的。这种方式适用于飞机、汽车及其他运输工具和设备。维修租赁的期限较短，通常为 12 个月至 33 个月。租赁期满，承租人必须退回所租设备。

4. 衡平租赁

衡平租赁又称杠杆租赁、减租租赁、信贷租赁、辛迪加租赁等，它是融资租赁的一种特殊形式，即由贸易各国政府或银行向设备出租者提供减税及信贷刺激，使出租人能够以较优惠的条件进行设备出租的一种方式。一般情况是，由出租人本身投资设备价款的 20% ~ 40%，从金融机构借得 60% ~ 80% 的资金，购买设备，将设备出租给承租人。以这种方式的租金比其他租赁方式可低 5% ~ 10%。衡平租赁的特点主要有：①衡平租赁至少有承租人、出租人、设备供应商、放款人（银团、银行、保险公司等）和担保人，租赁的设备为价格昂贵的大型成套设备、大轮船、海上钻井平台、卫星通信设备、波音大客机等，价值数百万美元到上亿美元。②衡平租赁的最大特点就是出租人自有资金仅占 20% ~ 40%，购买设备的大部分价款是由第三者提供的，这样，出租人在投资很少的情况下就可对设备的所有权享受利益，类似于杠杆以小托大的方式，故又称杠杆租赁。通过这种杠杆作用，可使出租人的投资扩大 3 ~ 5 倍，因为它以相当少量的现金投入（如 20%），即可享有设备成本费 100% 的全部减税优惠。③衡平租赁与信贷直接联系，故又称信贷租赁。且由于信贷数额大，往往需组成辛迪加银团来筹款，故又叫辛迪加租赁。衡平租赁的第一期合同租金总额与信贷总额平衡，即融资贷款由担保人通过收取该出租设备的租赁费全部回收贷款本息，贷款人对出租人没有追索权。④租赁合同可签两期，第一期租赁合同金额为设备价款的 60% ~ 80%，租金由银行收取。第一期合同结束后，出租人可以把 20% ~ 40% 的余值与承租人签订第二期租赁合同，租金交付出租人。衡平租赁的租金偿付须保持均衡，每期所付租金不得相差悬殊，也不得预付或延期支付。⑤租约期满，承租人可按租进设备残值的公平市价留购该设备或续租，不得以象征价格付款购买设备。

5. 回租租赁

回租租赁是指，当某一企业资金缺乏又不便得到其他融资时，将其自有设备出售给租赁公司，然后再从租赁公司将该设备反租回来继续使用的一种特别的租赁方式。这里，机器设备的所有权归租赁公司，企业只拥有使用权，并按租赁合同支付租金。回租租赁主要用于已使用过的设备，通过回租，原设备所有者可将固定资产变为现金，除一小部分作为租金外，其余部分可再进行其他项目的投资或作他用，加速资金周转。

6.综合租赁

综合租赁是将租赁业务与其他贸易方式相结合的租赁方式。综合租赁比较适合于各种形式的设备租赁。目前，综合租赁主要有以下三种形式。

（1）租赁与补偿贸易相结合

即出租人把机器设备租给承租人，承租人用租赁来的机器设备所生产的产品来偿付租金。

（2）租赁与加工贸易相结合

即承租人用租赁方式引进设备，开展加工装配业务，并以工缴费收入来偿付设备租金。

（3）租赁与包销相结合

即出租人把机器设备租给承租人进行生产，产品由出租人包销，从包销收入中扣取租赁费。

（三）国际租赁贸易的一般程序

现代国际租赁的一般业务包括进口租赁和出口租赁，这里介绍的主要是以融资租赁为主的进口直接租赁业务的一般程序，它从筹划到结束大致经过以下几个阶段。

1.前期准备阶段

租赁业务的第一步就是承租人必须根据自己生产和销售发展的需要，自行选定或经租赁公司推荐选定拟租赁的物品，并与制造商商定设备的型号、品种、规格、数量、性能、价格交货期等。在这一阶段早期承租人还需做好租赁项目的可行性研究工作。在选定设备后，应向有关部门呈报租赁设备项目建议书，落实支付租金的外汇来源，还款能力和配套费用，以及其他有关方面的问题。

2.委托租赁阶段

承租人持有关部门批准的项目建议书，向最后选中的租赁公司提出租赁申请，并填写租赁委托书或租赁申请书，载明需要租赁设备的品种、规格、性能、制造厂家等，同时提供可行性研究、批准文件、担保文件及企业财务报表等资料。出租人接到租赁委托后，需参与承租人提供的文件，对承租人的各方面情况进行审查，以便决定是否予以租赁。

3.谈判签约阶段

在租赁公司完成对承租人的资格审查并同意办理租赁业务后，由租赁公司和承租人共同与提供设备的外国厂商进行购货谈判，其中技术谈判以承租人为主。商务谈判以租赁公司为主，承租人参加（购货谈判承租人亦可不参加）。各方达成一致意见后，由租赁公司与外商签订购货合同。有时承租人也要在购货合同中连署签字，以表示对设备的确认。与此同时，租赁公司还与承租人商定或谈判达成有关租赁期限、租金、租赁期满后设备的处理、货款支付、保险等各种具体问题的一致意见，并签订租赁合同。

4.合同履行阶段

这一阶段，制造商或供货人将根据购货合同提交合格物品，租赁公司将其收到的物品交承租人或者也可由制造商直接向承租人交货。租赁公司或承租人则要办理开证、付款、租船、保险、报关、检验等事宜，并由租赁公司按规定缴纳货款。承租人收到租赁物品后，经试运转符合租赁合同要求，在各种手续完备的情况下，即可确认租赁合同生效。租赁期即从当日起计算，承租人应按合同规定按期支付租金。租赁期内，有关租赁物品的投保、维修保养、纳税等事宜按租赁合同的有关规定办理。

5.办理合同结束手续

租赁期满后，承租人根据实际情况作出退租、续租或留购的决定。

第六章 国际服务贸易与知识产权保护

第一节 国际服务贸易概述

一、国际服务贸易的含义

国际服务贸易是指跨国界的服务交换活动，到目前为止，国际上对服务贸易的精确定义还没有一个统一的表述。不同的研究机构基于性质及统计的考虑，都给了自己的解释。从贸易方式的角度，确定国际服务贸易具体是指涉及下列范围的交易活动：跨境提供、境外消费、商业存在、自然人流动。

（一）跨境提供

跨境提供是指从一成员方境内向另一成员方境内提供服务，其中的"跨境"是指"服务"过境，通过电信、邮电、计算机联网等方式实现，至于人员和物资在现代科技环境下一般无须过境。例如，国际金融中的电子清算与支付、国际电信服务、信息咨询服务、卫星影视服务等。

（二）境外消费

境外消费是指在一成员方境内向另一成员方的服务消费者提供服务，如人到外国就医、外国人到本国旅游、本国学生到外国留学等。

（三）商业存在

商业存在是指一成员方的服务提供者通过在另一成员方境内的商业实体提供服务。它主要涉及市场成人和直接投资，即允许一成员方的服务提供商在另一成员方境内投资设立机构并提供服务、包括投资设立合资、合作和独资企业，该机构的服务人员既可以从提供商母国带来，可以从东道国雇用。

（四）自然人流动

自然人流动是指一成员方的服务提供者在另一成员方境内提供服务。

进口方允许个人入境来本国提供服务。例如，外国教授、工程师或医生来本国从事个体服务。

二、国际服务贸易的特点

与国际货物贸易相比，国际服务贸易具有如下特点。

（一）贸易标的无形性

物质商品的空间形态是确定的、直接可视的、有形的，物质商品的生产、供应和消费伴随着它的空间形态而产生、移动和消失。而服务贸易的标的，服务的空间形态基本上是不固定的、不直接可视的、无形的。一方面，服务提供者通常无法向顾客介绍空间形态确定的服务样品；另一方面，服务消费者在购买服务之前，往往不能感知服务，在购买之后也只能觉察到服务的结果而不是服务本身。

（二）交易过程与生产和消费过程的同时性

物质商品因其有形性而可以根据需要被运输，在工厂内它们已经被运输以及从车间出厂，甚至就不能被运输或移动。一般来说，国际服务贸易的交易过程与服务的产生、消费过程不可分割，而且常常是同步进行的。

（三）贸易主体地位的多重性

服务的卖方往往就是服务生产者，并作为服务消费过程中的物质要素直接加入服务的消费过程；服务购买方则往往就是服务的消费者，并作为服务生产者的劳动对象直接参与服务产品的生产过程。

（四）贸易保护方式的刚性和隐蔽性

由于服务贸易标的所具有的特点，各国政府对本国服务业的保护，无法采取货物贸易上惯用的关税壁垒和非关税壁垒的办法，而只能采取在市场准入方面予以限制或进入市场后不给予国民待遇等方式，这种保护常以国内立法的形式加以施行。国际服务贸易保护的发展态势不同于国际货物贸易，各国对服务贸易的保护往往不是以地区性贸易保护和"奖出"式的进攻型保护为主，而是以行业性贸易保护和"限入"式的防御型保护为主。这种以国内立法形式实施的"限入"式作关税壁垒，使国际服务贸易受到的限制和障碍往往更具刚性和隐蔽性。

（五）国际服务营销管理具有更大的难度和复杂性

国际服务营销管理无论是在国家宏观管理方向，还是在企业的微观经营方面，都比货物的营销管理具有更大的难度和复杂性。从宏观上讲，国家对服务进出口的管理，不仅仅是对服务自身的物的管理，还必须涉及对服务提供者和消费者的人的管理，涉及包括人员签证、劳工政策等一系列更为复杂的问题。另外，国家主要采取制定法规的办法对服务贸易进行调控和管理。但因法律的制定与修订均需一定时间，往往会落后于形势，因而法规管理体制滞后于实际。还有，法规管理的实际效果在相当程度上也不是取决于国家立法，而是取决于各服务业企业的执法，因而，容易出现宏观调控的实际效果与预期目标相背离的情况。在微观上，由于服务本身具有的特性，也使得企业营销管理过程中的不确定性增多，调控难度增大，突出表现在对服务的质量控制和供需调节这两个企业营销管理中最为重要的问题上。如前所述，服务具有异质性，使得服务的质量标准具有不确定性。服务也难以通过货物贸易中包退、包换等办法挽回质量问题所造成的损失，从而增大了服务质量管理的难度。

三、国际服务贸易的分类

国际服务贸易的内容广泛，涉及社会生活的各个方面，按照不同的标准可以对其内容进行不同的分类。按照行业进行分类，国际服务贸易可以分为金融、保险、旅游、建筑、专业服务等五大类；按照生产过程进行分类，国际服务贸易可以分为生产前服务（市场调研和可行性研究）、生产中服务（企业内部质量管理、软件开发、人力资源管理、生产过程之间的各种服务）和生产后服务（广告、销售服务、包装与运输服务）；按照要求的密集程度分类，国际服务贸易可以分为资本密集型（空运、通信）、技术密集型（银行、金融、法律、会计、审计、信息）和劳动密集型（旅游、建筑、维修、消费服务）。

目前国际上一般采用《服务贸易总协定》的标准，将国际服务贸易分为12大类、142个小类。12个大类包括以下几个方面。

（一）商业服务

商业服务是指在商业活动中涉及的服务交易活动。这类服务又包括专业性服务、计算机相关服务、研究与开发服务、不动产服务、设备租赁服务、其他服务六类。

（二）通信服务

通信服务主要指有关信息产品、操作、储存设备和软件功能等的服务。通信服务是由通信部门和信息服务部门提供，主要包括：邮电服务、信使服务、电信服务等。

（三）建筑及相关工程服务

建筑及相关工程服务主要指工程建筑从设计、选址到施工的整个服务过程。具体包括：工程选址服务，建筑项目、建筑物的安装及装配工程。

（四）销售服务。

销售服务是指产品销售过程中所涉及的各种商业服务，主要包括批发与零售服务、特许经营服务和其他销售服务。

（五）教育服务

教育服务是指国际间在国民教育与非国民教育方面的服务交易与合作，涵盖了高等教育、中等教育、初等教育、学前教育、继续教育、特殊教育等一系列正规教育以及非正规教育环节。

（六）环境服务

环境服务包括污水处理服务、废物处理服务、卫生及类似服务等与环保直接联系在一起的服务。

（七）金融服务

金融服务涵盖了银行与非银行金融的各主要领域，其中银行金融包括商业银行提供的所有服务，非银行金融则主要包括保险及其相关服务。

（八）健康及社会服务

健康及社会服务主要指医疗服务、其他与人类健康相关的服务，以及社会服务等。

（九）旅游及相关服务

旅游及相关服务指旅游业及与之有关联的服务，最主要的有旅馆、饭店提供的住宿、餐饮服务及相关服务，旅行社提供的旅游交通及导游服务等。

（十）文化娱乐及体育服务

文化娱乐及体育服务也包括娱乐服务、新闻代理服务、图书馆服务与体育服务等，此外还包括文化交流、文艺演出等服务形式。

（十一）交通运输服务

交通运输服务主要包括货物运输服务、客运服务、船舶服务、附属交通运输的服务等。

（十二）其他服务

凡是无法归入上述任何类别之一的服务贸易，均可归入此类。

第二节 国际服务贸易的发展历程

随着经济的发展，一国的产业结构逐渐发生变化，逐步从第一产业过渡到第二产业，再从第二产业过渡到第三产业，产生了服务业及服务贸易，国际服务贸易是与世界分工、世界经济的发展相联系的。

在工业社会以前阶段，大部分人从事农业、狩猎和其他自然资源利用的工作，劳动主要为体力劳动，生活节奏依照季节变化。社会组织的基点以自给自足的家庭为核心，对社会需求基本不存在。在工业社会阶段，首先产生的是农产品的加工工业、纺织工业，继而再发展具有地方市场的制造工业，工业活动在社会活动中的比重不断上升，生活节奏取决于工业活动。社会的组织开始复杂，人口中的一部分从农村向城市迁移，运输、通信、银行和其他服务成为社会运行的基础。人口向城市的集中形成了大众消费，对零售商业、银行、保险的服务需求得到了发展。在工业生产中，一部分劳动者专门从事修理、警卫、管理、零售等服务业，随着工业社会的专门化发展，原来企业内部的工作越来越适合交给外部的机构完成，从而提高了规模效益和专门化。一部分过去属于农业工作（自我消费的农产品加工）的活动，现在转变为工业活动，在工业社会后期阶段，大部分人口从事服务业，农业人口比例大大下降。人们的生活质量取决于诸如教育、交通运输、医疗卫生等服务，而不再只是取决于产品的数量。

随着经济结构的优化和社会分工的深化，服务业经济在社会的发展中起着决定性作用。如果没有运输系统，无论是农业、工业还是采矿业都无从发展。同样，如果没有银行、法律咨询、销售、售后等服务，生产活动也无法进行。交通、通信、旅馆等对人的服务决定了人的生活质量，公共服务的运行和质量决定了社会的进步。工业革命以后，社会分工细化，生产率大大提高，生产力得到巨大发展，服务业随着各国工业的发展而发展起来，并随着国际贸易的展开而加速，形成并发展成为国际服务贸易。

第三节 国际服务贸易自由化

一、服务贸易自由化的含义与特点

服务贸易自由化是指在国际服务贸易中尽量减少进口的障碍，为服务贸易的交易提供一个良好的国际环境。由于服务具有不可储存性和无形性，政府不能通过海关进行监管，也不能用关税措施加以控制。因此，服务贸易自由化的目标是更加广泛和全面的市场开放，即服务产品市场、服务投资市场和服务劳动力市场同时开放，这样才能更大程度地消除贸易障碍，其实现手段不是削减关税，而是通过谈判，谋求各缔约方政府修改国内法律法规，减少对服务贸易的限制。

二、服务贸易壁垒

服务贸易壁垒是指一国政府对国外生产的服务销售所设置的有障碍作用的政策措施。由于服务贸易的无形性，它的流动既不能为一国关境所监管，也不能为海关统计所反映。因此对服务贸易的流动，不能像对货物贸易流动那样借助关税壁垒来加以限制，而只能借助非关税壁垒来限制。一般可以将限制服务贸易自由化的壁垒划分为两大类别：影响市场准入的措施和影响国民待遇的措施。

（一）影响市场准入的措施

影响市场准入的措施是指那些禁止或限制外国商人进入本国市场从而抑制国内市场竞争的措施。

（二）影响国民待遇的措施

影响国民待遇的措施是指有利于本国企业，但歧视外国企业的措施，包括为国内生产者提供成本优势，或增加外国生产者进入本国市场的成本。一般来讲，国民待遇原则是国际贸易通行的原则，但是，《服务贸易总协定》却没有将它作为一项普遍义务而是作为一项特殊义务规定下来，因此各国可以根据本国具体情况作出不同的规定。一国的国民待遇措施中很多是影响跨国服务企业进行海外投资的关键因素，目前各国在国际服务贸易中的国民待遇原则方面存在的主要限制措施有以下四点：①对经营范围和介入当地金融市场的限制。②对企业经营业绩的要求。主要有：当地成分、出口、技术转让、国内采购、贸易平衡、就业人事和培训要求，且该要求主要集中在就业和技术转让两个方面。③对外汇管理的规定。这主要涉及对外汇款和利润汇回。④对服务提供者人事资格的限制。

第四节 国际知识产权贸易

一、知识产权

（一）知识产权的概念

知识产权是指自然人或法人对自然人通过智力劳动所创造的智力成果，依法确认并享有的权利。知识产权是一种无形的特殊财产权，它保护的客体都是人们脑力劳动创造的成果，是智慧的结晶，法律上都把它们作为财产加以保护，包括人身权利和财产权利。对知识产权的理解及所包含的范围每个国家和各个国际组织都有不同的理解，被广泛认可的有两个协定的规定。

知识产权的范围，具体如下：关于文学、艺术及科学作品有关的权利（版权或著作权）；关于表演艺术家的演出、录音和广播的权利（版权的邻接权）；关于在一切领域中因人的努力而产生的发明的权利（专利权）；关于科学发现的权利；关于工业品式样的权利；关于商品商标、服务商标、厂商名称和标记的权利；关于制止不正当竞争的权利；以及在工业、科学及文学艺术领域的智力创造活动中所产生的权利。

知识产权的范围包括：版权与相关权利；商标权；地理标志权；工业品外观设计权；专利权；集成电路布图设计（拓扑图）权；未披露过的信息（商业秘密）专利权。

（二）知识产权的分类

知识产权一般有狭义和广义之分。

1.狭义的知识产权

狭义的知识产权包括工业产权和版权两大类。

（1）工业产权

工业产权主要是指发明创造等技本类成果依法享有的权利，是指工业产权对于具有产业应用价值的科技成果和其他非物质财富依法享有的使用、转让与其他法权。这里的"工业"不是狭义的，而是泛指进行商品生产的所有产业。

工业产权又可分为三大类：创造性成果（包括发明专利权、实用新型专利权、外观设计专利权）；识别性标记权（包括商标权、服务标记仪、商号权、货源标记权和原产地名称权）；制止不正当竞争权。

（2）版权

版权可以分为作品创作者权和作品传播者权两类。

作品创作者权即一般意义上的版权或著作权，创作者权分为经济权利（财产权）和精神权利（人身权）两种。

作品传播者权是一般意义上的版权的邻授权，又称与版权相关的权利，是指作品的传播者对其传播的作品依法享有的民事权利，包括表演者权、录制者权、广播组织权、出版者权等。

2.广义的知识产权

广义的知识产权不仅包括狭义的知识产权中的工业产权、版权，还包括科学发现权、对边缘保护对象的保护权及商业秘密权。因此，可以把广义的知识产权分为工业产权、版权、对边缘保护对象的保护权三大权利。

边缘保护对象是指由于科学技术发展而出现的介于工业产权和版权保护之间的人类智力劳动成果的新形式，如：外观设计、计算机软件、集成电路布图设计、印刷字体、卫星传播节目信号等。

（三）知识产权的特征

知识产权具有以下几方面的特征。

1.无形性

知识产权具有一般无形财产权的无形性，这是与有形财产权的根本区别。知识产权一般表现为对某项权利的占有，其标的是某种权利，是无形的；知识产权的利用与转移一般会引起相关有形物的消耗和转移；知识产权的标的具有可分别利用性，即在同一时间、不同地点可由多人分别按各自的方式加以利用。无形性是知识产权最基本的性质，其他特征是在无形性的基础上形成的。

2. 专有性

知识产权的专有性是指知识产权具有垄断性、独占性和排他性的特点，没有法律规定或知识产权人的许可，任何人不得擅自使用知识产权所有人的智力成果，否则就是侵权。这种专有权和财产所有权一样，是一种绝对权，但它和财产所有权的专有性又有所不同。

第一，对同一项知识产权只能有一个知识产权。

第二，知识产权的专有性是相对的或者说有某些限制。部分国家都在知识产权立法中规定了对知识产权的合理使用、法定许可、强制许可等制度，目的就是限制知识产权所有人行使权利，以促进科学技术的进步和文学艺术的繁荣。

3. 地域性

知识产权的地域性是指知识产权只在授予或确认其权利的国家和地区发生法律效力，受到法律保护，主要表现在以下几个方面：①一项智力成果能否取得知识产权，根据各国相关法律规定的不同而不同。一项智力成果在某一个国家可以获得知识产权保护，并不意味着在另一个国家也能获得知识产权保护。②对于同一项智力成果的知识产权保护水平、保护内容会因国家的不同而不同。③任何一项智力成果的知识产权仅在它依法产生的地域内有效。④一项智力成果的知识产权在某一国家失效（即该项智力成果在该国内由“专有领域”进入“公有领域”），并不意味着该项知识产权在另一个国家也失效。⑤对于侵犯知识产权行为的判定，依各国法律规定的不同而不同，在一个国家被认定为侵权的行为，在另一个国家不一定也被认定是侵权。

4. 时间性

知识产权的时间性是指，知识产权只在法律规定的期限内受到法律保护，一旦超过了法律规定的有效期限，这一权利就依法丧失，相关的知识产权就进入公共领域，成为全社会的共同财富。

二、国际知识产权贸易

（一）国际知识产权贸易的含义

国际知识产权贸易是指不同国家的企业、经济组织或个人，按一定商业条件转让或许可使用某项知识产权的交易行为。

知识产权贸易，有广义与狭义之分：狭义的知识产权贸易，是指以知识产权为标的贸易，主要包括知识产权许可、知识产权转让等内容；广义的知识产权贸易，是指含有知识产权的产品（知识产权产品、知识产品），特别是附有高新技术的高附加值的高科技产品，如集成电路、计算机软件、多媒体产品，视听产品、音像制品、文学作品等的贸易行为。

（二）国际知识产权贸易的形式

1. 许可证贸易

许可证是指拥有知识产权的一方，对该产权行使某种法律权利。许可证贸易是知识产权贸易中使用最广泛和最普遍的一种形式。许可证贸易是以知识产权以及相应产品的制造和销售权为内容，通过签订许可证协议而进行的技术贸易。目前，专利、专有技术贸易大都通过许可证贸易来进行，现在计算机软件贸易也越来越多地采取许可证形式，甚至出现了针对特定用户的"启封式许可证"。尽管许可证贸易比普通商品贸易产生的时间晚，但其发展速度十分迅速，对技术知识的传播起了重大作用，也有利于加速科技进步。

2. 特许经营

特许经营是指已经取得成功经验的商业企业（特许方）将其商标、商号名称、服务标志、专利、专有技术、服务标志以及经营管理的方法或经验许可另一家商业企业（被特许方）使用，是一种商业服务和技术体系的许可。被特许方使用特许方的商业名称经营业务，遵循特许方制定方针和程序，特许方则从被特许方处收取特许费。特许经营形式适合于商业、服务业和工业。

对于特许经营许可方来说，特许可以为打入市场提供机会，除了直接收取特许费外，还可以通过提供技术服务收取服务费，并阻止可能的竞争。对被特许方来说，可以解决技术能力不足、资金匮乏、缺乏品牌优势等问题，减少投资风险。

3. 合作方式

合作是指两个或两个以上国家的不同企业共同出资组建一个新的企业。由于各国可以知识产权进行出资，这种出资实际上是把出资方所拥有的知识产权转让给了新成立的企业，因此这种方式也成为国际知识产权贸易的一种形式。如果出资方不以知识产权为出资形式，那么该出资方可以通过签署知识产权许可合同，规定出资方是技术的供方，新企业是技术的受方，这样出资方既可获得股权也可得到知识产权许可费用。这种方式对于知识产权的供、受双方都是有利的。

4. 计算机交钥匙合同

交钥匙合同是指供方为建成整个工厂，向受方提供全部设备、技术、经营管理方法，包括工程项目的设计、施工、设备的提供与安装，受方人员的培训、试验、直到能开工生产后，才把工厂交给受方。目前在知识产权贸易方面，更多体现在计算机应用领域。所谓计算机交钥匙合同就是整个计算机系统的买卖与软件的转让，一般不包括供方承建厂房，主要内容是：供方向受方出售硬件，提供软件许可证，提供对硬件、软件的维修服务并延续到开机后一段较长时间，提供计算机的安装与测试、软件的测试。

5. 知识产权服务

技术服务是技术提供方受另一方委托，通过签订技术服务合同，为委托方提供技术劳务，完成某项服务任务，并由委托方支付一定技术服务费。一般来说，技术服务提供的技术是知识产权与专有技术之外的一般技术。但目前随着技术贸易的发展，尤其是软件贸易的发展，知识产权服务贸易也不断出现（这里的知识产权服务不是指专业知识产权机构或企业提供的服务，而是指一般商业企业）。如在软件贸易中，软件销售商或开发商在提供软件使用许可的同时，提供软件的技术服务，包括安装、培训、运行支持和维护等内容。在软件贸易的初级阶段，这种伴随着知识产权使用许可而提供的服务，一般是包含在软件价格之内的。随着计算机应用的普及，用户对服务的要求越来越高，尤其是一些大型应用软件，需要软件厂商花费长时间对用户的需求进行调研、定制开发、组织、进行维护和支持，因此这种服务也就成为软件贸易不可缺少的部分，并成为单独收费的商品。现在一些大型软件公司服务的收入已经占到公司收入的2/3，超过了软件本身的收入，除了上述几种知识产权贸易形式外，随着国际经济交往及各种第三产业的发展，还会出现新的国际知识产权贸易形式。

（三）国际知识产权贸易的发展

当前，科技进步和知识创新推动经济全球化趋势日益明显。高新技术的发展和广泛运用、新兴产业特别是信息产业的发展，正在改变和提高传统产业。而国际贸易的发展是与技术进步的速度成正比的，近半个世纪以来的高科技在生产生活中的运用推动了国际贸易的迅速发展，国际贸易中高科技产品、信息产品等新兴产品的国际需求大量增加，初级产品、低附加值产品的国际需求相对减少，国际市场竞争更加激烈，科技进步和知识创新日益成为国际经济竞争的主导力量。

随着科技的发展，国际贸易从单一的有形货物贸易转向多元的有形货物贸易、服务贸易和知识产权贸易，知识产权贸易成为继货物贸易、服务贸易之后国际贸易市场的一种新型的贸易方式。知识产权贸易规模日益扩大，在国际贸易中知识产权贸易额的增长已经大于世界贸易总额的增长。

国际知识产权贸易的迅速发展一方面说明了国际贸易知识化将成为当前国际贸易发展的一大趋势；另一方面反映了随着新技术革命的发展和信息社会的到来，随着知识的不断发展和国际分工的不断深入，知识产权贸易将日渐普遍化和多样化。

三、国际知识产权贸易对世界经济的影响

（一）从总体上促进了世界经济的发展

作为国际贸易本身，许多学者都认为其具有促进经济增长的作用。关于国际贸易促进经济增长的理论，最具有代表性的理论就是对外贸易是"经济增长的发动机"，该理论认为对外贸易通过一系列动态转换过程，把经济增长传递到国内各个部门，从而带动国民经济的全面增长。国际知识产权贸易作为国际贸易的一个特殊类型，除了具有普通货物贸易和服务贸易促进经济增长的作用，它对世界经济增长的作用还表现出独特性。

1. 一个国家不可能生产出它所需要的全部技术，也没有必要

通过国际知识产权贸易，通过技术的转让和许可可以节约创新成本，同时也可以直接促进全世界生产的发展和生产率的提高，从而促进世界经济的发展。

2. 一个国家通过对国外新技术的进口

利用新进口的技术生产的产品还会使消费者的偏好发生转移，产生新的需求，这种新需求对一个国家建立新产业至关重要，从而也促进了一个国家经济的发展。每个国家都有可能从别国进口新技术，从而使国际知识产权贸易促进了世界经济的发展。

3. 技术的进口直接带来了进口国技术的进步

进口国对新产品的演示和推销过程会带来技术的外溢，出口国接受进

口国的市场反馈来提升自己的技术；源于进口国的产品竞争也会促使出口国的技术进步等。总之，国际贸易具有溢出效应，国与国之间发展对外贸易不仅可以增加世界贸易总量，而且可以加速先进科学技术、知识和人力资源在世界范围内的传递，使参加贸易各国的知识、技术和人力资源水平得到提高。

4.国际知识产权贸易促进各国对于创新的重视，也间接推动了世界经济的发展

对外贸易通过广阔的市场、更为频繁的信息交流和更为激烈的竞争能够促进创新活动，从而推动经济增长。而知识产权贸易就是直接以人们的创新成果为标准的贸易，各国为了在国际知识产权贸易中取得竞争优势，必定加大对技术研究的投入，创新成果不断产生，从而能提高全世界的生产力，促进世界经济的发展。

（二）加强了跨国公司的垄断性

跨国公司是国际贸易的主要交易者，它已经成为拉动世界经济贸易不断发展的火车头。

跨国公司为了在激烈的国际竞争中取得长期的竞争优势，不断地研究与开发新技术、新工艺和新产品，技术垄断已越来越成为跨国公司控制业界经济和国际贸易的基础，客观上这种技术创新推动了世界科技革命的进程和深化了新的国际分工。

在微计算机、新材料、生物工程等方面的新产品，其中大部分创新由跨国公司完成、运用并转让。跨国公司又通过转让研究开发出的先进技术将获得的收入投入到新技术、新工艺的开发与研究，如此下去，形成良性循环，带来的利润也越来越大，知识产权贸易保持和强化了跨国公司的垄断性。并且跨国公司在进行对外经济技术贸易过程中，母国政府通过经济、政治、外交手段为跨国公司争取更多的利益，进一步加强其技术垄断优势和市场垄断优势，限制国际国内市场的有效竞争。

随着全球贸易自由化的到来，关税壁垒被逐渐破除，多轮贸易谈判的结果是各国的平均关税都有所下降，各国之间还通过区域化的自由贸易协定使双边层面上的关税得到削减，在这种情况下，很多国家已经无法通过提高关税的方法来保护本国产业。而这时，随着知识产权在国际贸易中地位的提高，国际贸易各流程涉及知识产权问题的不断增多，知识产权贸易在国际贸

易中所占的比重的不断扩大，各国为了在知识产权贸易中能够占得有利地位，纷纷使用知识产权壁垒来维护本国的国家利益。知识产权壁垒是在保护知识产权的名义下，对含有知识产权的商品实行进口限制，或者凭借拥有的知识产权优势实行不公平贸易。随着科技的进步，知识产权保护力度的不断增强，凭借科技优势，利用知识产权保护设置贸易壁垒的势头不断高涨。

参考文献

[1] 刘妤 . 新编国际贸易理论教程 [M]. 厦门：厦门大学出版社，2018.

[2] 黄海东 . 国际贸易实务 [M]. 沈阳：东北财经大学出版社，2018.

[3] 杨新房，高鸣霞 . 国际贸易实务 [M]. 上海：立信会计出版社，2018.

[4] 温明月，姜桂金 . 国际贸易法 [M]. 沈阳：沈阳出版社，2018.

[5] 林悦，徐军 . 国际贸易实务 [M]. 北京：北京理工大学出版社，2018.

[6] 郭书克 . 国际贸易理论与实务 [M]. 长沙：湖南师范大学出版社，2018.

[7] 李晓洁 . 国际贸易结算 [M]. 上海：上海财经大学出版社，2018.

[8] 何剑，曹小红 . 国际贸易单证实务 [M]. 上海：上海交通大学出版社，2018.

[9] 尤璞，占丽 . 国际贸易理论与实务 [M]. 上海：上海财经大学出版社，2018.

[10] 武垲干 . 中国国际贸易史 [M]. 郑州：河南人民出版社，2018.

[11] 周瑞琪，王小鸥，徐月芳 . 国际贸易实务 [M]. 北京：对外经济贸易大学出版社，2019.

[12] 王红雨 . 国际贸易实务 [M]. 重庆：重庆大学出版社，2019.

[13] 徐静珍 . 国际贸易实务 第四版 [M]. 沈阳：东北财经大学出版社，2019.

[14] 沈建军 . 国际贸易单证实务 [M]. 北京：机械工业出版社，2019.

[15] 邓海涛 . 国际贸易概论 [M]. 重庆：重庆大学出版社，2019.

[16] 王发兴，王雪峰，余育新 . 国际贸易概论 [M]. 沈阳：辽宁大学出版社，2019.

[17] 周桂荣 . 国际贸易理论与实务 [M]. 厦门：厦门大学出版社，2019.

[18] 王宛濮，韩红蕾，杨晓霞.国际贸易与经济管理 [M].北京：航空工业出版社，2019.

[19] 杨丽丽.国际贸易实务 [M].镇江：江苏大学出版社，2019.

[20] 高彩云，张秀美.国际贸易实务与操作 [M].杭州：浙江大学出版社，2019.

[21] 帅建林.国际贸易实务（英文版.第四版）[M].北京：对外经济贸易大学出版社，2020.

[22] 路丽，陈玉玲，郑杨.数字技术发展对国际贸易的影响 [M].长春：吉林大学出版社，2020.

[23] 薛荣久.国际贸易（第七版）[M].北京：北京对外经济贸易大学出版社，2020.

[24] 彭红斌，董瑾.国际贸易理论与实务 [M].北京：理工大学出版社，2020.

[25] 马祯，毛青.国际贸易实务 [M].北京：对外经济贸易大学出版社，2020.

[26] 柯晶莹.郭丹丹，黄丹，李金凤.国际贸易实务 [M].长沙：湖南师范大学出版社，2020.

[27] 代丽华.国际贸易与生态环境：影响与应对 [M].北京：知识产权出版社，2020.

[28] 陈琪，梁丽娜.国际贸易业务操作 [M].北京：中国国际广播出版社，2020.

[29] 赵静敏，郑凌霄.国际贸易实务 [M].西安：西安电子科技大学出版社，2020.

[30] 袁建新.国际贸易实务（第五版）[M].上海：复旦大学出版社，2020.